Psiche e Anima

Raffaele Sammarco

Psiche e Anima

Il Viaggio nell'Inconscio
con il Metodo Raffaele Sammarco

Titolo |Psiche e Anima
Autore | Raffaele Sammarco
Assistenza alla pubblicazione, layout e design da Bookst®

Prima Edizione Ottobre 2025

INDICE

INTRODUZIONE

Il privilegio di una vita è diventare chi sei veramente.
(Carl Gustav Jung)

Questo libro nasce da un'esigenza interiore che ha preso forma nel tempo, tra domande e ascolti profondi, intuizioni e osservazioni cliniche, esperienze dirette e formazione professionale. I contenuti che propongo sono il frutto di un percorso vissuto in prima persona, sia come psicologo e psicoterapeuta, sia come essere umano in costante cammino. Ogni pagina porta con sé l'eco di incontri autentici, riflessioni e confronti, emozioni, ragionamenti e insegnamenti che si sono sedimentati nel tempo.
Il modello teorico-metodologico a cui faccio riferimento non è una verità assoluta, ma una proposta personale, una mappa che intreccia osservazioni cliniche, riflessioni teoriche, intuizioni profonde, e un interesse vivo per le dimensioni simboliche, esperienziali e anche spirituali dell'esperienza umana, che spesso si rivelano centrali nei percorsi di cambiamento e consapevolezza.
Queste pagine non hanno la pretesa di offrire risposte definitive né soluzioni universali. Non intendono sostituire in alcun modo un percorso terapeutico, psicologico o medico, condotto da professionisti abilitati. Piuttosto, si pongono come uno spazio di esplorazione e di

riflessione, come una lente attraverso cui osservare la propria esperienza e stimolare una comprensione più profonda di sé e del mondo che ci circonda.

È una scrittura narrativa che invita a rallentare, porsi domande, ascoltare ciò che emerge nel silenzio interiore. Perché, a volte, la cura comincia proprio lì: dove inizia l'ascolto sincero di sé.

Il celebre psicoanalista Carl Gustav Jung affermava che il privilegio più grande che si possa sperimentare nella propria vita è diventare sé stessi. Un concetto apparentemente semplice da comprendere eppure, dietro queste parole, si cela una delle imprese più difficili e coraggiose che tu possa mai intraprendere: scoprire chi sei davvero e avere il coraggio di vivere la vita che vorresti.

Ti sei mai ritrovato a pensare:

Quello che sto facendo è proprio la cosa giusta per me?

Il come sto vivendo corrisponde a come avrei voluto davvero vivere?

Ho affrontato i problemi con il giusto atteggiamento?

Quante volte hai avuto la sensazione di essere fuori posto?

Quante volte hai percepito chiaramente di stare perdendo del tempo prezioso? Quante volte avresti voluto esprimerti per ciò che sentivi giusto per te, ma i timori, la paura, l'insicurezza ti hanno frenato, trattenuto, deviato, bloccato?

Questo libro non è solo un testo da leggere. È un compagno di viaggio. È il frutto di oltre venticinque anni di esperienza come psicologo, psicoterapeuta, formatore, professionista della salute, ma prima ancora è il frutto della mia esperienza personale, di una vita vissuta intensamente, che mi ha messo alla prova e che, passando anche attraverso il dolore, ha svelato chi sono veramente. È la continuazione naturale dei miei libri sulla *Psicologia Subliminale*. Qui, però, non entrerò nel dettaglio della teoria, ma ti offrirò strumenti... quelli che io per primo ho usato per rinascere. Perché, vedi, *divenire te stesso* non è una questione di egoismo o di capriccio, ma è una necessità che ti può guidare verso la realizzazione di te stesso e del tuo percorso di vita.

Viviamo in un mondo in cui stress, ansia da prestazione, timore del giudizio, stereotipi, pregiudizi portano a soffocare la propria vera natura e a ritenere che la ricerca di qualcosa di più o di diverso sia inutile o sbagliata. Da sempre, ti insegnato a uniformarti, a non creare problemi, a non dare fastidio, a credere ai "non devi", ai "non puoi" e ad accontentarti perché "non puoi avere tutto nella vita". Ma tu non hai mai chiesto tutto, avresti solo voluto sperimentarti per trovare il tuo posto nel mondo e realizzare i tuoi talenti. Eppure, se provi a uscire dagli schemi imposti vieni chiamato strano, ribelle, *outsider;* se hai fortuna vieni riconosciuto come un artista, un genio, un'icona e, in nome di un'altra etichetta sociale, viene ammirato e applaudito. Ma sai qual è il prezzo di tutto questo?

Che giorno dopo giorno, muori dentro. Diventi prigioniero della tua mente, quando invece la tua mente dovrebbe essere lo strumento per liberare te stesso.

Certo, non ti sto dicendo di seguire l'istinto né di mettere in pratica qualsiasi cosa ti venga in mente, perché non hai ancora raggiunto un equilibrio stabile e la consapevolezza necessari per rendere affidabili il tuo intuito e le tue percezioni. Sto dicendo, invece, che è tempo di guardarti dentro, smettere di soffocare ciò che sei davvero, affrontare i problemi che ti affliggono, riprendere contatto con te stesso e uscire dalla prigione mentale in cui la sofferenza e il dolore ti hanno confinato.

E forse, questo libro... è il tuo inizio.

Non è certamente un caso che questo libro sia adesso nelle tue mani. Tu hai scelto di leggere questo libro proprio in questo preciso momento e, senza neanche saperlo, ti stai dando un'altra possibilità.

Rispondi a queste semplici domande:

Da quanto tempo sei in una situazione che ti genera sofferenza?

Quante volte hai cercato di venirne fuori senza riuscirci?

Quante strade hai intrapreso, quanti tentativi hai fatto, e soprattutto dove ti hanno portato?

Sicuramente sei stanco di provare e riprovare, e ti capisco se non hai trovato ancora un metodo semplice e funzionale per raggiungere i tuoi obiettivi e sentirti realizzato.

Lascia che ti racconti una storia, la mia storia, per farti comprendere cosa vuol dire vivere la sofferenza e affrontarla non come ostacolo, punizione, limite, vincolo, sfortuna, ma come opportunità per riscoprire sé stessi e tirar fuori il carattere, la fiducia, l'autostima, il coraggio, per riallinearsi al vero percorso della propria vita.

Se ci pensi, fin dall'infanzia, sei costretto ad affrontare una serie di problemi quotidiani che, però, non accadono perché sei sfortunato, ma perché questi sono proprio gli esami che devi accogliere, accettare, affrontare, superare per completare la tua evoluzione e percorrere la strada della tua realizzazione. Spesso, sono proprio queste situazioni che generano in te il desiderio di cambiare e che ti spingono ad essere migliore. É come quando ti iscrivi ad un corso di laurea universitario: il piano di studi prevede una serie di esami da sostenere e superare per giungere al traguardo della laurea. Allo stesso modo, il percorso di vita prevede di affrontare una serie di "esami" che, soltanto se li riconosci come tali e li superi, ti permetteranno di realizzare te stesso e vivere una vita autentica. Potresti, ad esempio, aver dovuto affrontare il lutto per la perdita di una persona molto cara o la separazione dei tuoi genitori, o situazioni difficili a scuola, come l'essere bullizzato, o ancora il vivere un sentimento non corrisposto o essere lasciato dal partner. Potresti aver dovuto accettare un lavoro che non corrisponde alle tue aspettative o essere ingiustamente licenziato, o vivere in un matrimonio che non funziona come avresti voluto o che non è mai arrivato, o non avere i figli che tanto desideri, o averli ma desiderare che siano diversi. Potresti esserti dovuto scontrare con i tuoi familiari per le scelte della tua vita o semplicemente per la divisione dell'eredità.

Come hai vissuto questi eventi?

Avresti dovuto affrontarli con l'atteggiamento di chi ha la conoscenza e gli strumenti per attingere alle proprie risorse interiori e riemergere dalla sofferenza più forte e più consapevole di prima, invece, non hai capito che quell'evento era un esame e non l'hai accettato. L'hai vissuto male, soffrendo più di quanto avresti dovuto, hai tirato fuori il peggio di te, ti sei bloccato e, quindi, non l'hai superato. Sei rimasto invischiato nella sofferenza e te la sei presa con te stesso e con il mondo. Ma non è finita qui. Col tempo, hai dovuto affrontare altri eventi e, quindi, altri esami da superare. Devi comprendere che, se l'esame precedente non l'hai superato come avresti dovuto, ora ti ritrovi solo più stanco, demoralizzato, arrabbiato, frustrato nell'affrontare gli esami successivi. O, peggio ancora, se ti sei bloccato al primo esame, probabilmente non hai potuto neanche andare avanti e superare quelli successivi, perché il primo si ripresenta nella tua vita, anche in modo più problematico e doloroso, fintantoché non lo affronti, rielabori e superi.

Prima di intraprendere la mia professione di psicologo, la mia vita è stata segnata da una serie di eventi che, in modo spontaneo e naturale, mi hanno spinto ad approfondire e studiare i meccanismi della mente umana e della sua parte inconscia. Uno degli eventi che ha segnato profondamente la mia vita, direzionando inconsapevolmente il mio percorso, è accaduto nel luglio del 1985.

Avevo 15 anni. Ero fermo ad uno stop quando un'auto, fuori controllo, mi colpì in pieno. Fu un attimo. Poi il buio. Trauma cranico, fratture, trauma toracico, contusioni, escoriazioni, ferite da taglio. Mesi di ospedale. Dolore. Immobilità. Ero prigioniero del mio corpo. Ma dentro quella prigione accadde qualcosa. Una consapevolezza, rimasta sopita per anni, emerse in me: esiste qualcosa di più grande, profondo, spirituale, che accompagna l'essere umano in un percorso di vita non casuale e che ha lo scopo ben preciso di illuminare ciò che è già presente in noi, spingendoci a diventare ciò che siamo destinati ad essere.

Ho ripensato a lungo al mio incidente, riflettendo sul come e se avessi potuto evitarlo, se lo meritavo o se fosse stata una punizione, ma poi sono arrivato sempre alla stessa conclusione: proprio grazie a quell'evento, ho potuto vivere determinate esperienze, superare difficoltà, mettermi in gioco, sviluppare altri sensi, rafforzare motivazione, determinazione, coraggio, accettare ed essere semplicemente me stesso.

Negli anni, ho compreso lo schema, il disegno della mia vita, e tutto ha avuto più senso. Avevo in mano le chiavi per trasformare me stesso e realizzare il mio destino... ma tutto doveva ancora emergere alla mia coscienza.

Crescendo, ho avuto l'opportunità di osservare, apprendere, sperimentare e comprendere. Con il tempo, ciò che è maturato dentro di me si è concretizzato in un modello teorico che ho chiamato ***Psicologia Subliminale*** e in un metodo d'indagine, clinico e formativo, che ho definito ***Chiavi Emotive***, di cui ti parlerò.

Ero molto giovane quando ebbi l'opportunità di osservare dei bambini. Alcuni di loro erano autistici, altri incapaci di esprimersi o di controllare gli impulsi ed io soffrivo nel vederli prigionieri del loro mondo interiore; ripetevo con forza dentro di me che doveva esserci una chiave per aprire il lucchetto di quella prigione!

Se tu fossi prigioniero del tuo mondo e avessi una chiave per liberarti... cosa faresti?

Tempo fa lessi un articolo che riportava dati statistici pubblicati dall'Organizzazione Mondiale della Sanità (OMS) sui problemi di salute mentale. Al di là dei numeri impressionanti, riferiti ai giovani italiani che soffrivano di ansia e depressione, ciò che aveva catturato maggiormente era il titolo dell'articolo: *Mi vedete?*

Questa domanda risuona come un accorato appello da parte di chi non riesce a comunicare i propri disagi, esprimere il proprio dolore, risolvere e rompere la propria gabbia interiore.

E tu?

Ti senti visto?

Ti chiedi mai se qualcuno capisca davvero quello che provi, quello che sopporti, quello da cui vorresti scappare?

Io ti vedo.

E il mio obiettivo è che tu possa vedere te stesso. Non per ciò che sei diventato per educazione, famiglia, cultura, ma per ciò che sei davvero. Immagina, per un attimo, di svegliarti una mattina senza quel peso sul petto, senza oppressione, senza quell'ansia che ti schiaccia, quel senso di colpa che ti blocca il respiro, e di andare a dormire la sera con la mente finalmente libera da pensieri e preoccupazioni. Non è utopia, non è un sogno, ma una realtà che puoi raggiungere concretamente e con semplicità... se lascerai che ti guidi in questo viaggio.

Quante volte ti sei detto, rassegnato:

Domani andrà meglio!

Domani sarà un giorno migliore!

Ma meglio rispetto a cosa? E a chi?

A uno standard esterno a cui senti di dover uniformarti o alla versione migliore di te a cui ti stai avvicinando?

Questo libro è qui per accompagnarti proprio nel tuo cammino di riscoperta.

Dentro di te esiste un potenziale immenso, ma hai bisogno di avere gli strumenti giusti per aprire le porte della tua prigione interiore. C'è una chiave, anche se oggi non la vedi. Io voglio aiutarti a trovarla e usarla. E questo libro può essere il tuo primo passo.

É vero, ci sono situazioni difficili da affrontare, emozioni dure da vivere, bocconi amari da ingoiare, ansie che si trasformano in attacchi di panico, tristezze in depressione, ma sono condizioni passeggere da cui poter tornare indietro o, meglio, da superare, riconoscendo il vero valore evolutivo di queste prove.

Molti filosofi, pensatori e scrittori ci hanno insegnato che il dolore è democratico e che non fa distinzioni, perché può colpire chiunque, in qualsiasi momento, indipendentemente dal potere, dalla fama o dalla ricchezza. Qui, però, parliamo del tuo dolore, del tuo viaggio interiore che ti permetterà di riemergere dalle profondità e riscoprire la bellezza di chi sei veramente.

La vera domanda è: sei pronto?

In questo libro troverai le risposte che cerchi da sempre.

Ti spiegherò, nel modo più chiaro e semplice possibile, come funzionano alcune dinamiche inconsce, come la psiche mantiene i suoi equilibri tra conscio e inconscio; ti farò comprendere, con immagini, racconti e metafore, cosa significa perdere l'equilibrio interiore e bloccarsi emotivamente; ti farò prendere consapevolezza del valore del linguaggio dell'inconscio, dei sintomi psicologici e di quelli psicosomatici, per poi accompagnarti verso lo sblocco emotivo e la riconquista dell'equilibrio interiore. Così, potrai toccare con mano e sperimentare come tirar fuori il meglio di te, capire con quale atteggiamento costruire relazioni sane e appaganti, come dare valore ai tuoi pensieri, alle tue emozioni, a ciò che senti giusto per te, come affrontare i problemi che arriveranno, affinché tu possa vederli non come ostacoli alla tua felicità, ma come strumento per migliorarti e crescere.

L'obiettivo è che tu possa portare amore a te stesso e vivere nell'amore, indipendentemente da ciò che accade intorno a te o dalle persone che ti circondano.

Nulla accade per caso. Ogni evento, ogni incontro, ogni emozione che vivi porta con sé un significato e un potenziale da realizzare ma, per riconoscerli davvero, devi essere libero, rigenerato e in equilibrio. In queste pagine troverai la chiave per far emergere il tuo Io più autentico; troverai quelle che io chiamo *Chiavi Emotive*, uno strumento prezioso per esplorare e comprendere la tua interiorità.

Da più di venticinque anni, infatti, affermo che ognuno di noi nasce con un'impronta psichica trasmessa al momento del concepimento, una matrice, una sorta di griglia psicologica ereditaria che predispone a percepire la vita in modo tipico: con una sensibilità diversa, con obiettivi e valori differenti, con uno specifico stile di pensiero e di comportamento.

È come se ciascuno iniziasse il viaggio della propria vita su binari già tracciati, anche se invisibili agli occhi fisici. Non sempre è comprensibile il perché si parta da una determinata stazione né è sempre possibile conoscerne la meta finale. Sappiamo solo che siamo a bordo di un treno che deve percorrere un lungo viaggio. Il percorso che vivremo, le persone che incontreremo e il modo in cui affronteremo ogni esperienza dipendono in gran parte dall'imprinting originario determinato dalla propria griglia psicologica. A questa predisposizione iniziale si sommeranno, tappa dopo tappa, tutte le esperienze, le disavventure, i rallentamenti e le accelerazioni tipiche di un viaggio, ossia le sovrastrutture e i condizionamenti che assorbiamo dall'ambiente familiare, scolastico, lavorativo, affettivo, sociale e culturale. Strato dopo strato, la nostra identità si modella e, spesso, ci allontana dalla nostra natura più autentica. Col passare del tempo, per le sofferenze vissute e le dinamiche in cui si resta invischiati, si rischia di non vedere più nemmeno i binari su cui si sta viaggiando, né di riuscire a godere del viaggio stesso. Tutto appare avvolto nella nebbia e ci si ritrova ad affrontare gli ostacoli uno dopo l'altro, senza più avere la visione d'insieme.

Quando impari ad aprire gli occhi su ciò che ancora non riesci a vedere, e lo fai con gli strumenti giusti, puoi iniziare il tuo vero viaggio. Un viaggio di comprensione profonda verso ciò che ti ha portato sin qui, verso la persona che sei diventato; un percorso capace di trasformare le tue fragilità in risorse e il dolore in esperienza, con lo scopo di cogliere il disegno più grande che si cela dietro gli eventi e che è lì per guidarti nella tua evoluzione.

Forse ti starai chiedendo: *Perché dovrei fidarmi di te in un mondo in cui tutti promettono soluzioni?*

La mia risposta è semplice: perché non sono qui per dirti chi dovresti essere né chi dovresti diventare. Il mio compito è accompagnarti nel ritrovare te stesso. Posso aiutarti a comprendere le dinamiche emotive e mentali tipiche della tua *Chiave Emotiva* e che, in modo spesso inconsapevole, influenzano emozioni, pensieri, scelte e reazioni. Solo riconoscendo i tuoi automatismi potrai accedere ad una consapevolezza più profonda di chi sei davvero. E sarà questo il vero cambiamento perché non sarà imposto ma nascerà da te. Sarà tua la scelta di agire, stare meglio e aprirti all'integrazione con il tuo Inconscio e con la parte più profonda di te: la tua Anima.

Questo libro ti offrirà opportunità di cambiamento concrete. Condividerò con te strategie pratiche, chiavi di lettura efficaci, casi reali e testimonianze autentiche. Ti mostrerò come molte persone sono riuscite a trasformare il disagio in consapevolezza e la sofferenza in un'occasione di rinascita.

Stiamo parlando di un tema cruciale: il tuo benessere.

Ho accennato al dato allarmante dell'OMS sulla salute mentale ed è proprio da lì che voglio partire per proporti un cambio di prospettiva. Per troppo tempo il benessere è stato inteso semplicemente come assenza di malessere. Ma non è così. Non basta *non stare male* per poter dire di *stare bene*.

Eppure, di fronte a una sofferenza, il primo rimedio a cui si ricorre è spesso il farmaco: necessario, certo, ma non sufficiente per tornare a stare bene.

La questione è che il farmaco può attenuare un sintomo, ma non può spiegarti né eliminare le cause che lo hanno generato, soprattutto se quelle cause sono di origine psicologica. Tantomeno può restituirti la felicità. Perché la felicità è un'altra cosa.

Il benessere, così come oggi lo definisce l'OMS, è "una condizione di completo benessere fisico, mentale e sociale e non esclusivamente l'assenza di malattia o infermità"[1]; è un equilibrio che riguarda la mente, il corpo, la dimensione sociale e quella più profonda dell'essere, che non si raggiunge mettendo a tacere il dolore, ma comprendendone l'origine e trasformandolo.

Nel susseguirsi di queste pagine ti parlerò di me, ma anche di te. Condividerò esperienze, riflessioni e soluzioni che potranno rispecchiarsi nella tua storia personale e aiutarti a far emergere la spinta interiore al cambiamento.

Per ogni tema affrontato, troverai esempi concreti, aneddoti vissuti e testimonianze reali per mostrarti come il mio approccio pratico, che integra teorie psicologiche classiche con visioni più innovative, abbia aiutato migliaia di persone a ottenere risultati concreti, rapidi, profondi e duraturi.

Tuttavia, per arrivare fin qui e poter condividere con te ciò che ho imparato e sperimentato in prima persona, il percorso è stato lungo. Oltre agli studi universitari e alla formazione non convenzionale, è stato un cammino segnato da incontri significativi, eventi inattesi e messaggi che, in modi diversi, mi riconducevano sempre ad una grande verità: quando scegli di scoprire chi sei davvero, tutto intorno a te inizia ad assumere un significato e un senso più profondi, capaci di guidarti verso il tuo Io più autentico. E così, mentre gli ostacoli si trasformano in opportunità, la meta finale diventa sempre più chiara, naturale e... tua.

Tre sono le tappe fondamentali di questo viaggio di trasformazione: **Psiche**, **Sblocco** e **Riequilibrio Emotivo**.

---

[1] Definizione inserita nel preambolo alla Costituzione dell'OMS presentata alla Conferenza Internazionale della Sanità, tenutasi a New York dal 19 al 22 giugno 1946, sottoscritta il 22 luglio 1946 dai rappresentanti di 61 Stati ed entrata in vigore il 7 aprile 1948.

E altrettanti sono i compagni di viaggio: Consapevolezza, Inconscio e Spiritualità.
Mi fermerò con te in ogni tappa per aiutarti a comprendere i passaggi teorici essenziali e a riconoscere, nelle tue esperienze, i blocchi che vivi, gli sblocchi emotivi che potrebbero liberarti, il senso della tua vita e la consapevolezza che, oltre al corpo e alla psiche, esiste anche l'Anima.
Perché, quando qualcuno ti aiuta a dare un senso a ciò che stai vivendo, tutto diventa più semplice: la paura si acquieta, il dolore si alleggerisce e la comprensione del passato apre finalmente la porta alla trasformazione e al cambiamento.
L'intento di questo libro è accompagnarti alle tue origini, perché solo tornando al punto di partenza, con la maturità e la consapevolezza che hai oggi, puoi riscrivere il presente e costruire un futuro diverso, più vero, più tuo.
Voglio aiutarti a scoprire il luogo della TUA rinascita, come io ho trovato quello della MIA.
Nel **primo capitolo** di questo libro ti racconterò come ho imparato a "guidare prima di prendere la patente"; ti spiegherò come le esperienze contino più delle parole, soprattutto nel viaggio che stiamo per intraprendere. Ti parlerò del mio incidente, perché è proprio lì che è avvenuto il mio incontro con la Luce ed è da quel momento che ha avuto inizio il mio cambiamento.
Ti accompagnerò in un percorso fatto di sfide e rinascite, partendo dal mio viaggio personale, dagli anni segnati da interventi chirurgici, immobilità fisica e lunghe degenze, fino ai momenti di riflessione, alla presa di coscienza, all'autonomia ritrovata, all'indipendenza, alla libertà e alla rinascita.
D'altra parte, cos'è la presa di coscienza?

È il momento in cui inizi a vedere davvero. È quando acquisisci consapevolezza di te, delle tue reazioni e di ciò che, spesso inconsapevolmente, ti spinge ad agire in un certo modo. È come se, all'improvviso, si accendesse una luce dentro di te che illumina le tue ombre, svela le catene emotive che ti hanno condizionato e mostra quanto queste abbiano limitato la tua libertà, costringendoti a vivere una vita che forse non senti più davvero tua.

Nel **secondo capitolo** ti farò comprendere di cosa ti stai realmente nutrendo: emozioni "positive" o "negative", appagamenti o solo tensioni, vere soddisfazioni o solo aspettative, certezze interiori o paure. Da qui partirà il nostro viaggio dentro l'Inconscio: comprenderai alcune sue regole, imparerai a distinguere ciò che desidera da ciò che rifiuta e a leggere i suoi segnali attraverso le tue emozioni e i tuoi comportamenti. Scoprirai che, quando ritrovi il tuo equilibrio interiore, l'Universo si allinea con te e ti mette sulla strada giusta, ti fa vivere determinate esperienze e non altre, ti porta ad incontrare le persone "giuste" e a cogliere opportunità in grado di trasformarti e migliorarti.

Nel **terzo capitolo** entreremo nel vivo del lavoro emotivo. Ti farò comprendere cosa intendo per *Sblocco Emotivo* e come iniziare a lasciare andare quei pesi invisibili che ti porti addosso da troppo tempo. Comprenderai cosa significa vivere nello squilibrio tra Conscio e Inconscio e, soprattutto, come si fa a riconquistare l'armonia e tornare a respirare a pieni polmoni.

I concetti saranno chiari e il linguaggio semplice, affinché la lettura sia il più scorrevole possibile e tu possa concentrarti maggiormente sulle tue emozioni e su ciò che le mie parole potranno far riemergere in te.

Gli argomenti teorici che tratterò sono approfonditi in modo più esaustivo nei miei libri sulla *Psicologia Subliminale,* mentre qui potrai trovare ciò di cui hai bisogno per comprendere la tua situazione e poi scegliere la strada migliore per dare una svolta alla tua vita. Apprenderai una sorta di vocabolario emotivo con cui potrai decodificare i tuoi disagi, perché i sintomi psicologici, psicosomatici, relazionali e comportamentali sono messaggi che la tua parte emotiva, quella più profonda, ti sta inviando, ma se non hai gli strumenti per interpretarli, ti sembreranno solo ostacoli e limiti alla tua realizzazione.

Ti faccio un esempio: immagina di essere sott'acqua. Puoi percepire dei suoni ma sono ovattati e confusi. Poi ti viene data una cuffia speciale e inizi finalmente a udire suoni chiari e distinti. Quelle vibrazioni, che prima erano lontane e incomprensibili, ora si trasformano in parole nitide. Puoi sentire una voce chiara e limpida che racconta di te e che riesce a darti proprio le indicazioni, i consigli, il conforto, il supporto di cui hai bisogno. È la tua voce interiore.

Il beneficio che questo intimo contatto ti dà è quello di riuscire ad ascoltarti nel profondo, a comprendere le tue reali esigenze, i tuoi valori, a compiere scelte non più dettate dalla stringente razionalità o dagli impulsi irruenti, ma guidate da un'equilibrata energia interiore. Non scoraggiarti se non sei mai riuscito a sentirla. Imparerai, così come è già successo a tante persone che hanno incrociato la mia strada. Tutti noi, in fondo, portiamo dentro ferite, sofferenze, paure mai affrontate, conflitti interiori che possono rendere difficile il contatto con la propria voce interiore. Eppure, quando si lavora per rimettere in equilibrio il Sistema Conscio-Inconscio, tutto cambia: il pensiero diventa più chiaro e lineare, le emozioni più autentiche, le intuizioni più vivide, il comportamento naturalmente più orientato alla quiete, alla serenità, alla risoluzione; si accede a una fonte di risorse illimitate che fanno da guida anche nelle situazioni complesse, nei momenti di difficoltà o di indecisione, e di fronte alle sfide della vita.

La serenità non è un sogno: è una conquista!

Pensa che questa serenità si può sviluppare già nel grembo materno. Come leggerai, la melodia della voce materna può influenzare positivamente la crescita psico-fisica del feto e sostenere il suo sviluppo infondendo calore, sicurezza, equilibrio e stabilità.

Una gravidanza felice, un parto sereno, un'infanzia gioiosa, una famiglia amorevole, un'adolescenza costruttiva, quanti possono dire di aver vissuto le varie fasi della vita senza difficoltà? Senza dubbi? Senza paure? Senza traumi?

Il percorso di tanti è segnato da incomprensioni, timori, delusioni, scelte errate, amori tossici, amicizie insoddisfacenti, lavori inappaganti, malattie, ma queste esperienze non sono casuali, parlano di bisogni non riconosciuti e di un disequilibrio interiore che, anziché guidare verso la meta finale, trascina lontano da sé stessi. Spesso imprigionati in una spirale invisibile di insoddisfazione e negatività, tanti vivono in disarmonia e in conflitto costante tra ciò che volevano per sé stessi e ciò che, invece, hanno realizzato. In mezzo, un senso sottile di smarrimento che spinge a giustificare: *Forse non lo meritavo! ... In fondo è meglio così! ... Si vede che doveva andare così!*

Eppure, si può ancora scegliere di conoscere, sbloccare e trasformare sé stessi, smettere di soffrire e lamentarsi e cominciare a cambiare davvero. Quando una persona arriva nel mio studio e decide di farsi aiutare, accade che il peso emotivo delle sue esperienze negative si alleggerisca, seduta dopo seduta, sino a scomparire. Ma te ne parlerò... affinché tu possa avere la possibilità di scegliere e agire.

Nel **quarto capitolo** arriveremo a parlare del punto centrale del tuo cambiamento: il riequilibrio emotivo, le caratteristiche e le dinamiche della tua personalità e il viaggio verso la spiritualità.
Ti aiuterò ad avere maggiore consapevolezza di te e ad agire.
Lo scopo è sciogliere il TUO *lutto irrisolto.*
Non pensare al lutto solo come alla perdita di una persona cara; a volte, il vero dolore nasce dalla morte silenziosa di una speranza: la speranza di guarire, tornare a stare bene, riprendere in mano la propria vita. Recuperare quella speranza è parte integrante e naturale di qualsiasi percorso di crescita, ma perché possa sostenerti nel tempo, hai bisogno che la tua dimensione biologica e quella emotiva siano armonizzate e sintonizzate. Psiche e Corpo sono sistemi interconnessi e agiscono in sinergia lungo l'intero arco della vita. Salute e benessere psicologico dipendono da un corpo sano, da una mente libera da pensieri ricorrenti e negativi, da un'emotività capace di fluire senza travolgere e dall'integrazione profonda della propria parte animica. Ti parlo spesso di equilibrio e non è un caso, perché corpo e psiche, e con loro anche la dimensione spirituale, non sono compartimenti stagni, sono sistemi strettamente interconnessi: quando un problema si presenta in uno di essi, si diffonde agli altri innescando un processo d'involuzione che ti allontana non solo dal tuo scopo di vita, ma anche dalla tua disposizione naturale a stare bene. Se ci pensi è ovvio: quando stai male fisicamente, magari per una banale influenza, non ti accorgi che anche i tuoi pensieri diventano più pesanti e cupi? E quando, invece, ti senti turbato emotivamente per un evento che potrebbe accadere o per una relazione in crisi, una paura, un conflitto, non senti una reazione fisica proprio in un determinato punto del tuo corpo? E quando il corpo somatizza, la mente ti frena o l'emotività ti paralizza, non ti senti forse lontano da

quella parte animica che sa chi sei davvero? E in questo distacco, qualcosa dentro di te si spezza.

Non sei stanco di tutto questo?

Non è forse arrivato il momento di smettere di combattere o remare contro, e iniziare ad ascoltarti davvero?

Questo libro ti condurrà in un viaggio unico che, come ti ho detto, non intende accompagnarti in posti lontani, ma vuole riportarti a casa, a te stesso, per ricordarti che nella vita non si tratta solo di pensare, ma anche di sentire, ascoltare, essere. Troppe volte hai rinunciato a te stesso e hai lasciato che limiti e condizionamenti inconsci ti rallentassero o ti bloccassero. Hai idea di quante cose potresti fare e chi potresti diventare se solo tu trovassi il coraggio di aprire quella porta, sbloccare l'immenso potenziale che c'è in te e far emergere le tue qualità nascoste?

La parola chiave, qui, è trasformazione.

Nessuno, però, può compiere questa trasformazione al posto tuo.

Io posso offrirti le strategie di cui hai bisogno e insegnarti a usarle, ma il passo, quello vero, devi farlo tu.

Così arriveremo al culmine del nostro viaggio, comprendendo che l'essere umano è ***Triadico***, composto da Corpo, Psiche e Anima e che, imparando a riequilibrare e integrare queste parti, potrai vivere una vita integra e completa.

Ogni tappa del tuo cammino non è stata casuale, ma è stata predisposta per affrontare gli esami della vita e fare esperienza.

Se conosci il concetto di *sincrodestino,* tanto caro a Jung, capirai che anche questo libro è una tappa del tuo percorso e che non ti è arrivato per caso, stava solamente aspettando che tu fossi pronto a leggerlo.

Da qui nasce la tua occasione di dire "basta" e fare la scelta di *diventare chi sei veramente.*

CAPITOLO 1

PRIMA DI PRENDERE LA PATENTE HO IMPARATO A GUIDARE

Un'infanzia in viaggio

Prima ancora di diventare ciò che sono oggi, la mia vita è stata costellata da una lunga serie di esperienze che, senza che me ne rendessi conto, mi hanno condotto verso la comprensione profonda della mente umana e di quella parte sommersa, l'Inconscio, che tanto influenza il nostro sentire e agire. La mia è una storia particolare, emotiva, intensa, per come l'ho vissuta. Ho sempre seguito il mio intuito, quella voce interiore che mi guidava verso ciò che sentivo giusto per me. Anche quando le mie scelte sembravano sbagliate o incomprensibili agli occhi degli altri, anche quando la strada davanti a me era incerta o confusa, anche quando faceva male. Era come se, ogni volta, qualcuno mi sussurrasse all'orecchio quale fosse la direzione da prendere... e le opzioni suggerite non erano mai quelle più facili o convenienti, ma sempre quelle più utili e necessarie alla mia crescita, alla mia evoluzione... ma questo lo capii solo col tempo.

Sono nato ad Acerra, in provincia di Napoli, quinto di sei figli da mamma Nunzia e papà Salvatore. Ho vissuto i primi anni della mia vita con spensieratezza e la sensazione chiara di sentirmi amato e protetto. Certo, con due sorelle e due fratelli più grandi ed uno più piccolo, dovevo spesso sgomitare per conquistare un bicchiere di latte in più, un po' di salsa di pomodoro in più sugli spaghetti, o l'ultimo pezzo di pane o di mozzarella di bufala, ma l'armonia che c'era tra di noi valeva più di ogni altra cosa. E poi, alla fine, nostra madre non ci faceva mancare nulla. Era sempre presente nella nostra quotidianità e s'impegnava nel riordinare la casa, lavare, cucinare, impastare... ricordo ancora i giovedì, quando preparava gli gnocchi fatti in casa o quando sfornava profumatissime ciambelle che sparivano prima ancora d'intiepidirsi! E le caramelle d'orzo che preparava con tanta soddisfazione per farci felici? Puro amore!

Con il tempo e l'arrivo dell'adolescenza, le mie sorelle e i miei fratelli più grandi scelsero di lasciare il paese per andare a vivere a Roma. Cercavano già l'indipendenza e l'autonomia, così raggiunsero mia nonna materna, che viveva già nella Capitale da molti anni, per iniziare a lavorare e sistemarsi. E così, uno alla volta, partirono... e la nostra famiglia si divise.

Dopo qualche anno, però, su insistenza di mia madre che desiderava rivedere la famiglia riunita, anche per me arrivò il momento di partire. Avevo quasi 11 anni quando lasciai il mio paese per raggiungere Roma. La città mi apparve subito misteriosa e affascinante, tutta da scoprire con i miei occhi di bambino, ma non avevo scelto io di trasferirmi e l'atmosfera era ben diversa da quella del paese, dove tutti si conoscevano e sapevano "a chi appartenevi" (chi fossero i tuoi genitori e da quale famiglia provenissi) ... il mio cuore era rimasto legato al paese, agli amici di sempre, ai miei parenti.

Fu in questo nuovo mondo che iniziai la scuola media. Non ero entusiasta all'inizio, ma il mio spirito solare e intraprendente mi aiutò a trovare presto nuovi amici e ad ambientarmi. Per via del mio accento marcato e del mio atteggiamento sicuro e deciso, iniziarono a chiamarmi "Il Napoletano". Quel soprannome vibrava come un tuono fuori e dentro la scuola, suscitando negli altri un misto di curiosità, soggezione e rispetto. Lo accettai senza esitare. Non mi faceva sentire escluso né diverso, al contrario, mi permetteva di restare connesso alle mie radici e di sentirmi più protetto.

Il tempo passava e, nell'estate del 1985, erano ormai quattro anni che mancavo dalla mia città natale. Il desiderio di tornare al mio paese era sempre più forte, sentivo il bisogno di incontrare i miei parenti, ripercorrere le strade della mia infanzia e rivedere i miei vecchi compagni di scuola. Come spesso accade, seguii il mio intuito e comunicai ai miei genitori la mia volontà di partire per qualche giorno per Acerra. Ero determinato e niente e nessuno mi avrebbe distolto da quella decisione.

A volte mi chiedo se avrei avuto la stessa fermezza se avessi potuto prevedere ciò che mi sarebbe accaduto. Ma è proprio questo il punto: il destino si manifesta anche attraverso le scelte che non comprendiamo subito, ma che possono cambiare il percorso della nostra vita.

Quando qualcosa è destino che accada, accadrà. E accade sempre, non solo per insegnarci qualcosa, ma anche per portarci oltre, verso una nuova consapevolezza, verso un livello evolutivo superiore.

Così, convinti i miei genitori, partii da Roma con un treno nazionale e arrivai a Napoli. Da lì, presi un treno regionale per Acerra.

Ero ospite di una mia zia e sentii subito di essere tornato a casa. Ricordo il piacere di stare in compagnia dei miei zii, cugini, amici e di tutti i parenti ai quali ero molto legato. Ho ancora impressi nella memoria i discorsi degli adulti, il fumo denso delle loro sigarette, le risate delle donne indaffarate ai fornelli e... quei pranzi infiniti, ricchi di ogni tipo di pietanza. Mi dicevano che, da quando vivevo a Roma, sembravo "sciupato" e insistevano affinché mangiassi in abbondanza. In realtà non lo ero, avevo solo un fisico asciutto e magro, ma mi piaceva pensare che si stessero prendendo cura di me.

Un giorno, al termine di uno di questi pranzi infiniti e deliziosi, decisi di andare a trovare mio zio Vincenzo, che non avevo ancora avuto modo di salutare. Non avevo l'auto per raggiungere la sua abitazione e nemmeno la patente, poiché avevo solo 15 anni, così istintivamente chiesi a un amico di prestarmi il motorino. Lui accettò ed io salutai i commensali e mi avviai.

Ricordo ancora nitidamente quel momento: l'aria calda dell'estate, il rombo leggero del motorino, la sensazione di libertà. Mi sentivo leggero, sereno ed esattamente dove volevo essere.

Fu proprio in quell'istante, apparentemente così innocuo, che il mio destino iniziò a svelarsi.

L'incontro con la Luce

Mi rivedo chiaramente sul motorino mentre percorro la strada sotto il sole d'estate. Mi fermo ad uno stop. Tutto è tranquillo. Poi, in un attimo, una macchina arriva in senso contrario ad alta velocità, perde il controllo e mi travolge. Non ho neanche il tempo di rendermene conto.

L'impatto è violentissimo. Il mio corpo viene scagliato in aria come un proiettile e volo per circa cinquanta metri. La mia vita cambia per sempre. Perdo conoscenza e, quando mi risveglio, tra le grida dei soccorritori e il suono della sirena dell'ambulanza, mi ritrovo in fondo a un burrone, schiacciato sotto il cofano di una Fiat 128 blu... la stessa auto che mi ha appena travolto.

Le conseguenze dell'incidente erano gravi: frattura scomposta del femore sinistro, abrasioni profonde e ferite da taglio, lacerazioni, trauma cranico e toracico. Ero solo. I miei genitori erano a Roma, ignari di tutto. Io stesso non avevo ancora compreso la gravità della situazione. Ma, al paese, tutti sapevano "a chi appartenevo", per questo riuscirono ad avvisare subito la mia famiglia. Mio padre fu il primo a prendere il treno e a correre da me. Dal pronto soccorso di Acerra fui trasferito d'urgenza in un grande ospedale di Napoli. Ero in terapia intensiva e i medici ancora non si pronunciavano sulle mie reali condizioni. Scriverò più avanti del travaglio fisico e psicologico, dei quaranta giorni in terapia intensiva, della negligenza medica, della perdita della mobilità e dell'invalidità permanente, perché qui voglio raccontarti ciò che mi ha *davvero* cambiato.

Durante lo stato d'incoscienza, tra l'impatto e il risveglio, ho vissuto qualcosa che ancora oggi definisco il mio "incontro con la Luce", un'esperienza che va oltre le parole, oltre la logica, oltre la vita stessa. So con certezza di essere entrato in un'altra dimensione, perché ciò che provavo, come la sensazione di pace profonda, una beatitudine sconosciuta e un senso infinito di gratitudine, non erano minimamente paragonabili a niente che avessi mai vissuto sulla Terra. Mi sentivo immerso in una luce bianca, calda, immensa, confortevole e piena d'amore. La mia mente era libera ed ero completamente avvolto dalla quiete. Più mi lasciavo andare, più quella Luce si avvicinava e, a poco a poco, prese la forma di una figura radiosa... e in essa io riconobbi il volto di Gesù.

Mi parlò con amore, mi spiegò, mi raccontò chi ero stato in passato, chi sarei diventato e quanto fosse importante dedicare la vita al servizio degli altri. Gli chiesi di portarmi con Lui, ma la risposta, seppur amorevole, fu chiara e definitiva: *No! Non è ancora il tuo momento.*

Dovevo tornare indietro, avevo ancora molte cose da fare. In quell'istante, la beatitudine si trasformò in sofferenza e il senso di libertà divenne dolore, prima emotivo e poi sempre più fisico. Era il ritorno alla vita, quella terrena. Nulla, da quel momento in poi, sarebbe stato più come prima. Il rientro nella realtà non fu semplice. Ad attendermi c'erano il dolore fisico, una lunga serie di interventi chirurgici, l'isolamento e la perdita di ogni riferimento esterno. Avevo perso la mia autonomia, la mia spensieratezza e persino la libertà di muovermi. Eppure, la chiara visione di ciò che avevo visto, il suono delle parole udite e la sensazione sperimentata di Amore assoluto ravvivavano in me una nuova forza e la consapevolezza di non essere fatto solo di corpo, pensieri ed emozioni, ma di essere un'Anima; e questa parte profonda di me aveva ricevuto un segnale potente: non ero solo... e non lo ero mai stato!

Un incidente come quello che ho vissuto lascia ferite evidenti sul corpo, dolore fisico e un turbinio di emozioni fatte di paura, sconforto e frustrazione, ma ti costringe anche a guardarti dentro. Ti mette con le spalle al muro, davanti a una scelta: restare intrappolato nella sofferenza o affrontare il cambiamento.

Non ci sono alternative né vie di fuga: o ti lasci travolgere dagli eventi e sopraffare dalle emozioni, oppure accogli la sfida, guardi la paura negli occhi e ti rimetti al timone della tua vita.
Per me, quella scelta era chiara. Sapevo di non voler essere vittima della mia storia e che il "piano B" non era un'opzione secondaria, era l'unica via possibile.
Nonostante i miei quindici anni, non ero spaventato dalle conseguenze del mio incidente né intimorito dal giudizio degli altri, perché avevo visto oltre me stesso. In quella Luce, così divina eppure così familiare, avevo fatto esperienza di ciò che non muore mai e mi ero nutrito della certezza assoluta che nulla si distrugge e tutto si trasforma.
E nonostante tutto, dentro di me custodivo il ricordo vivido di essere protetto e guidato. La mia reazione non fu quella di arrendermi o ribellarmi agli eventi, ma di comprenderli e accoglierli per ciò che realmente sono: prove da affrontare, esami da superare, lezioni da imparare, strumenti per crescere ed evolvere.
L'incidente era il mio strumento. Il costruire il progetto della mia vita, scegliere come viverla e la qualità del mio benessere, erano le mie prove. Il dolore fisico fu il canale per aprirmi alla comprensione profonda del dolore altrui e la percezione della sofferenza divenne la spinta interiore per cercare un modo per alleviarla.

La presa di coscienza

Che cosa successe allora?
Avevo riportato trauma cranico e toracico, abrasioni e ferite da taglio diffuse, lacerazioni e una frattura scomposta al femore sinistro. Dopo

essere stato estratto da sotto l'auto che mi aveva investito, mi portarono d'urgenza all'ospedale più vicino. Tuttavia, le mie condizioni erano molto gravi e richiedevano cure specialistiche. Per questo fui trasferito in un grande ospedale di Napoli, dove mi prestarono soccorso, si presero cura di me e fasciarono la gamba fratturata in attesa di metterla in trazione. Ricordo bene che, non essendoci più letti disponibili nelle stanze di degenza, mi sistemarono su una barella nel corridoio. L'attesa si fece interminabile. Intorno a me c'era confusione, i lamenti di tante persone sofferenti, il via vai degli infermieri, l'odore acre di sudore e medicamenti... non passò molto tempo che la febbre cominciò a salirmi fino a 40°C. Mi sentivo sempre più debole, sudavo freddo, il cuore aveva iniziato a battere sempre più forte e qualcosa nella gamba pulsava in modo inspiegabile. Ero disorientato e non sapevo cosa fare. Avevo quindici anni e in quel momento non c'era nessuno accanto a me, neanche i miei genitori. Ero entrato in uno stato di agonia e fu proprio in quel momento che udii una voce interiore che mi sussurrò di reagire. Ed io, come risvegliandomi da un torpore, iniziai ad oppormi a quel crescente senso d'impotenza, immobilità e sofferenza che mi stava trascinando verso la resa. Così, reagii e decisi di attirare l'attenzione su di me, strappandomi le flebo e togliendomi la fasciatura alla gamba. Iniziò a sgorgare copiosamente sangue zampillante dalla gamba e, a quella visione, gli infermieri accorsero gridando di chiamare subito il primario.

L'evento che stavo vivendo, insieme alle forti sensazioni che provavo, stava lasciando un segno profondo in quella che oggi chiamo *memoria emozionale attuale*, un concetto che approfondisco nei miei corsi e nei libri dedicati alla *Psicologia Subliminale*, insieme a quelli di *memoria intrauterina, genetica, transpersonale.*

La *memoria emozionale attuale* indica un "luogo" della memoria inconscia dove viene custodito il ricordo d'intense esperienze emotive, vissute in tempi recenti della nostra storia personale. È qui che si forma un ponte invisibile tra ciò che viviamo nel presente e ciò che accadrà nel futuro oppure tra ciò che è accaduto nel passato e ciò che oggi ci muove o ci blocca e ci condiziona. Questo legame registrato nell'Inconscio ha un impatto profondo, perché modella il nostro modo di pensare, sentire e reagire, spesso in modo automatico, senza che ce ne rendiamo conto.

Puoi immaginare l'Inconscio come una telecamera nascosta che registra ogni evento della tua vita. Tuttavia, non archivia ciò che accade secondo un ordine cronologico e razionale, ma come una raccolta di fotogrammi emozionali: ogni immagine viene conservata in base alla carica emotiva che porta con sé e ciò che importa non è *quando* è accaduto un evento, ma *quanto* ti colpisce emotivamente, quanto dolore o gioia ha generato in te. È un processo automatico, sotterraneo, ma potentissimo.

Esiste, dunque, un archivio interiore che non racconta la storia della nostra vita in modo lineare con un inizio, una durata e una fine, ma organizza gli eventi in "cassetti" emotivi, in base all'intensità del vissuto. C'è il cassetto della "gioia", della "serenità", della "sorpresa", ma anche quello della "tristezza", della "paura", della "rabbia".

Nel mio caso, ogni gesto, ogni sguardo, ogni parola di quei momenti, fu archiviato in cassetti pieni di emozioni pesanti, grigie, non positive.

In quel corridoio d'ospedale si stava decidendo della mia vita. Gli infermieri cercarono invano di contenere l'emorragia. Quando arrivò il primario, calò un silenzio surreale. Il suo sguardo esterrefatto e il volto improvvisamente pallido raccontarono più di mille parole.

La situazione era critica ed era al limite. Era in atto una cancrena gassosa. Io non sapevo cosa significasse, e l'ultima scena che ricordo, prima di

perdere conoscenza, fu la corsa in sala operatoria e le parole del primario quando disse, in modo fermo e irrevocabile, che avrebbero dovuto amputare la gamba per salvarmi la vita.
Non so quanto tempo passò. Quando mi risvegliai, ero disteso all'interno di un "cilindro" chiuso. Pensavo di essere morto, ma una voce pacata mi disse di stare tranquillo e mi spiegò, attraverso un citofono, che mi trovavo in una camera iperbarica, un ambiente pressurizzato che permetteva al mio corpo di riossigenarsi. Una delle prime sensazioni fisiche che percepii fu un dolore alla gamba sinistra e d'istinto guardai verso il basso... ma la mia gamba, che fino a poche ore prima faceva parte di me, non c'era più.
Da quel momento entrai in un silenzio profondo, quasi assoluto. Avevo capito che la mia vita era cambiata. Da quindicenne, d'istinto pensai a tutto ciò che non avrei più potuto fare... camminare, correre, ballare, giocare a pallone, andare in bicicletta, allenarmi in palestra...
Eppure, stranamente, non provavo ansia, non avevo paura e non sprofondai in uno stato depressivo. Ero semplicemente immerso nel silenzio, in una fase di ascolto interiore più che esteriore.
Solo molti anni dopo compresi che quel "silenzio" era stata una forma di auto-protezione, un meccanismo per disattivare temporaneamente le emozioni più travolgenti, lasciando spazio a una percezione più ampia e sottile.
Ero lì, ancorato al presente. Vedevo e sentivo tutto, eppure mi sentivo immerso in un vuoto, in uno spazio interiore "libero" che cercavo di decifrare. Era come se qualcuno avesse tagliato un frammento del film della mia vita, lasciando appunto un vuoto, e ora toccava a me riscrivere il copione, scena dopo scena, con ciò che ero diventato e con tutto ciò che ancora non sapevo di essere.

Quando gli infermieri mi riportarono in reparto, incontrai per la prima volta i miei genitori. Vidi nei loro occhi la disperazione, anche se cercavano di mascherarla con sorrisi forzati e parole rassicuranti. Cercavano di distrarmi e incoraggiarmi... ma io percepivo le loro reali emozioni e sentivo ciò che si agitava *oltre* le parole. Non volevo la loro pietà. Non volevo essere considerato diverso. Non volevo essere un peso né far soffrire nessuno.

Percepii quel momento della mia vita come il punto zero, il punto di ripartenza per costruire un nuovo percorso di vita, per trovare il senso di quella seconda possibilità, di essere ancora vivo, nonostante tutto.

Era un richiamo alla vita, al suo significato più autentico e alla responsabilità di non sprecarla. Dovevo trovare il modo per concretizzare la Verità che mi era stata rivelata nell'altra dimensione.

E così, ancora una volta, il destino si rimise in moto, come avrei scoperto di lì a poco. Solo che, questa volta, non era venuto a "togliermi" qualcosa, ma a "darmi", a mostrarmi il senso nascosto dell'esperienza umana.

Tra sfide e rinascite

La vita, in certi momenti, non chiede il permesso. Ti travolge. Ti mette alla prova. Con me, lo fece costringendomi ad affrontare il dolore fisico e lunghi periodi di degenza in cui il corpo era fermo ma la mente in azione e il mio sentire in ascolto. Ogni sfida celava una soglia. Ogni caduta, un passaggio. E io iniziai a intuire che dietro ogni trauma può nascondersi un seme di rinascita.

Fu proprio uscendo dall'ospedale, dopo sei lunghi mesi di interventi chirurgici e degenza, che iniziai a riscrivere la mia storia. Era il momento di rientrare nel mondo. D'altra parte, ero tornato nel mio paese, lo stesso che avevo lasciato non per mia scelta... e questa volta, senza volerlo, fui io a cambiare la vita dei miei genitori: li avevo "costretti" a lasciare Roma, a rinunciare ad una parte della loro vita per prendersi cura di me. La mia famiglia si trovò nuovamente divisa.

Il tempo passava, i giorni diventavano mesi e i mesi si tramutavano in anni, ma io non mi fermavo mai. Ogni momento rappresentava un'opportunità per rafforzarmi, per mettere alla prova il mio corpo e la mia mente. Non ero triste, in effetti non lo ero mai stato. Piuttosto ero curioso di sapere cosa sarei riuscito a fare senza una gamba, come avrei potuto reinventarmi, quali nuove abilità avrei potuto sviluppare. E mi resi conto che dovevo semplicemente lasciarmi andare ed essere me stesso.

Ricordo bene il giorno, uno dei primi dopo il rientro dall'ospedale, quando mi rivolsi ai miei genitori con una serenità che li lasciò spiazzati, e dissi: *Non voglio che vi preoccupiate per me. State tranquilli, perché saprò cavarmela. Continuerò la mia vita come se nulla fosse accaduto!* ma dentro di me, sapevo bene che tutto era cambiato. La trasformazione non riguardava solo il mio corpo, ma qualcosa di più profondo che si radicava nel silenzio che mi accompagnava dal momento dell'incidente. Era un silenzio che non avevo mai conosciuto e che non era tristezza ma consapevolezza. Un silenzio che, in qualche modo, aveva preso il posto delle parole.

Era come se parlare non fosse più stato necessario. Senza quasi accorgermene, avevo attivato quello che oggi chiamo *ascolto emotivo*, una forma di ascolto primordiale e profondo che mi permetteva di osservare, sentire e assorbire, come non avevo mai fatto prima. Il processo di autoguarigione non riguardava solo il corpo, ma anche la mente, l'Anima, la mia essenza più profonda. Un processo che non avevo cercato ma che accoglievo con una calma inaspettata. E a quel processo, io mi arresi.

Non negavo la realtà, sapevo benissimo che la mia gamba non c'era più. Quella verità era chiara e innegabile, eppure non era accompagnata dalla rabbia o dal rifiuto. Piuttosto, proprio in quella condizione trovai un punto fermo, stabile, da cui ripartire. Non volevo "andare avanti nonostante tutto", ma desideravo ricostruire la mia vita attorno a quella nuova realtà.

Negli anni successivi, affrontai dodici interventi chirurgici di allungamento osseo e ricostruzione muscolo-scheletrica. Ogni volta restavo immobilizzato per mesi, ma appena la mia condizione fisica me lo permetteva, indossavo maglietta e pantaloni (tagliati ad una gamba), prendevo le mie stampelle e uscivo per incontrare amici e cugini. Nel frattempo, ripresi gli studi. Certo, le lunghe assenze mi rendevano difficile frequentare la scuola, ma decisi di non fermarmi e arrivai fino al diploma.

La mia routine era semplice: ospedale, casa, amici, studio. Poche distrazioni, pochi fronzoli. Ma in questa routine, qualcosa di nuovo stava emergendo dalla mia interiorità: la mia mente si stava gradualmente aprendo. C'era qualcosa di profondamente misterioso nel modo in cui le persone reagivano, si adattavano, soffrivano, si risollevavano. Le dinamiche invisibili che influenzavano i pensieri e le azioni delle persone che conoscevo, mi seducevano.

E come spesso accade quando si è davvero pronti al cambiamento, la vita non tarda a farsi sentire. Ti invia un segnale, un evento, una persona, un incontro che sembra arrivare dal nulla, ma che, in realtà, è sempre stato lì, aspettando il momento giusto per entrare nella tua esistenza.

Il mio primo incontro fu con il dott. Franco C. teologo, pedagogista, psicologo, con una vocazione: prendersi cura delle anime, soprattutto di quelle più fragili. Come musicoterapeuta, aveva fondato una scuola di musica e arte che accoglieva bambini anche con disturbi dello spettro autistico. Li ricordo tutti quei bambini e ricordo la prigione interiore in cui erano rinchiusi: c'era chi urlava senza riuscire in realtà a comunicare, chi correva animatamente per tutta la stanza, chi invece restava immobile.

Franco fu il primo dei miei mentori. Stabilimmo fin da subito un contatto affettivo importante, tanto che, dandomi massima fiducia, mi permise semplicemente di "stare". Stare lì, ad osservare mentre lui lavorava con i bambini, guardarlo mentre suonava il pianoforte e penetrava quel muro invisibile che li divideva dal mondo e da ogni forma di comunicazione. Progressivamente e miracolosamente, i bambini sembravano rispondere e cambiare comportamento. Il bimbo che camminava avanti e indietro senza sosta rallentava, quello che urlava, urlava sempre meno, e quello che non parlava... cominciò a pronunciare qualche parola.

La musica era la chiave che apriva le loro prigioni e spezzava le catene invisibili che li legavano al silenzio e al caos interiore. Quell'arte, che Franco usava con tanta discrezione e amore, dava loro l'opportunità di esprimersi e di entrare in comunicazione con il mondo. Era estremamente affascinante e commovente assistere a quei "miracoli". Quella musica andava al di là della parola e diventava il ponte del sentire, il legame tra il dentro e il fuori.

Questa esperienza risuonava profondamente in me. Scoprivo il valore delle emozioni ed ero catturato dal mondo del "sentire". Senza saperlo, questo momento fu il punto di non ritorno, quello in cui decisi inconsapevolmente che quella delle emozioni sarebbe stata la mia strada, la mia avventura, il mio destino.

Osservando, sentendo e percependo ciò che Franco riusciva a fare con il suo lavoro, non solo imparai, ma... mi trasformai. Il destino aveva fatto il suo ingresso nella mia vita.

Un apprendimento non convenzionale, la mia patente

Fu Franco ad annunciare l'arrivo di un nuovo professionista nel centro di musicoterapia: un esperto di ipnosi. Si chiamava Stefano B.

Assistetti alla sua conferenza spinto dalla curiosità, desideroso di scoprire cosa si celasse dietro quella pratica così misteriosa. Seduto tra il pubblico, osservai con attenzione ogni suo gesto, ogni movimento, ogni parola. Poi arrivò il momento in cui, con estrema naturalezza, iniziò a mettere in pratica le tecniche ipnotiche, spiegandone l'efficacia e il potere trasformativo. Non poteva essere solo suggestione o finzione, perché conoscevo personalmente alcune delle persone su cui l'ipnosi stava producendo effetti tangibili. Erano persone scettiche, razionali, molto concrete, che non avrebbero mai accettato di lasciarsi "manipolare".

Quelle tecniche, utilizzate con rispetto e competenza, avevano prodotto risultati straordinari, influenzando comportamenti ed emozioni, in tempo reale. Fu una vera e propria rivelazione. Non era un gioco di parole o un trucco psicologico, ma uno strumento efficace, potente,

capace di entrare in contatto con le parti più profonde e inespresse della psiche.
Un altro tassello si aggiungeva alla mia conoscenza, un'altra porta si apriva sul mondo delle emozioni e sulla complessità dell'essere umano.
Ero affascinato e affamato di conoscenza. Volevo capire i codici nascosti della psiche. Come funziona davvero l'essere umano? Come si sblocca un'emozione? Come si scioglie un trauma?
Avevo conosciuto e visto nei bambini la prigione fisica, ma mi resi conto che la vera reclusione era quella emotiva. Iniziai a intuire, in modo rudimentale, che l'Inconscio ha il suo linguaggio e che l'essere umano ha una chiave d'accesso al suo mondo interiore.
Volevo sapere. Volevo trovare un modo per liberare l'essere umano da quei condizionamenti invisibili che lo tengono incatenato a una vita che non sente più sua.
L'incontro con Stefano fu illuminante e anche a lui devo la mia riconoscenza per avermi fatto scoprire il mondo dell'Inconscio.
D'altra parte, ero pronto. Dopo l'incidente, ero diventato più sensibile alla sofferenza degli altri. Osservavo, percepivo e intuivo i loro stati d'animo e le loro preoccupazioni anche quando erano in silenzio. Era come se dentro di me si fosse aperto e stabilizzato un canale di connessione emotiva, attraverso cui potevo "sentire" l'altro, anche senza ascoltare i suoi racconti. Allora era inspiegabile, oggi invece, quella percezione profonda mi è del tutto chiara ed è una capacità che mi permette di "leggere" informazioni psicodinamiche, psicologiche, emotive e fisiche di una persona, entrando in connessione con la sua parte più profonda ed inconscia.
Oggi, dopo anni di studio, ricerche, osservazioni cliniche e sperimentazioni, quell'intuizione si è trasformata in un approccio

innovativo: la *Psicologia Subliminale*. Un approccio integrato teorico e pratico, in costante evoluzione, che affonda le sue radici nella psicodinamica e si sviluppa con diverse strategie e strumenti di osservazione, ascolto e trasformazione profonda.

In questo libro voglio illustrarti alcuni principi fondamentali di questo approccio e il modo in cui può essere applicato nella vita quotidiana. Se vorrai approfondire gli argomenti, potrai farlo nei miei corsi o attraverso gli altri miei libri, in cui ogni tassello si unisce per formare una visione più ampia e consapevole dell'essere umano.

Qual è lo scopo della *Psicologia Subliminale*?

Aiutare l'essere umano a comprendere sé stesso, risolvere i propri conflitti interiori in modo rapido, profondo e trasformativo, intraprendere un percorso che porta verso un equilibrio stabile, una serenità interiore duratura, una maggiore fiducia in sé e la libertà di essere veramente sé stessi. Così da riscoprire il valore della triade Corpo-Psiche-Anima e sperimentarla lungo la strada verso la propria realizzazione.

Ma per arrivare fin qui, il mio cammino è stato lungo.

Appena raggiunsi la maggiore età e conquistai maggiore autonomia fisica, con l'uso di una protesi, mi trasferii nuovamente a Roma. Qualche anno dopo, mi raggiunsero anche i miei genitori e la mia famiglia fu di nuovo riunita.

Nella Capitale il destino mi aspettava, ancora una volta. Antonella, la seconda delle mie due sorelle, riuscì a trovarmi un lavoro in una grande catena commerciale, in un negozio di abbigliamento in via dei Serpenti. Il direttore commerciale era andato via senza preavviso e, per necessità, pur senza esperienza, mi affidarono la gestione del punto vendita. Accettai la sfida con coraggio e determinazione. Mi impegnai con responsabilità e, nel giro di pochi mesi, le vendite crebbero del 30% rispetto al passato. Dietro i numeri, però, c'era la mia sfida più grande: l'indipendenza. Finalmente potevo camminare con le "mie gambe", non solo fisicamente ma anche economicamente. Riuscii anche ad ottenere un mutuo e a comprare la mia prima casa. Un gesto concreto, simbolico, che sanciva la mia rinascita.

C'è un aspetto fondamentale da considerare. Il lavoro che svolgevo in quel periodo non aveva nulla a che vedere con ciò che mi appassionava e che oggi è al centro della mia vita e della mia professione. Eppure, nonostante la mia inesperienza nel campo delle vendite, i risultati non tardarono ad arrivare.

Cosa mi rese così efficace sul lavoro?

La motivazione.

Come spiego nel primo volume sulla *Psicologia Subliminale*, il Sistema Emotivo è il motore che governa le nostre emozioni. È da lì che nasce quella spinta iniziale che ci muove verso un obiettivo e che trova il suo terreno fertile in un bisogno interiore, come il desiderio di riscatto, il bisogno di riconoscimento, la paura di fallire o il piacere di riuscire. Le emozioni sono il nostro carburante, danno energia e urgenza all'azione. Senza emozione, non c'è movimento. Senza bisogno, non c'è direzione.

Il Sistema Logico, invece, è alla base del nostro pensiero. È grazie ad esso che possiamo fare ipotesi, valutare possibilità e formulare strategie. È la sede della pianificazione, dell'organizzazione, della progettualità, che ci permette di strutturare la motivazione: fissare obiettivi, organizzare il tempo, scegliere, perseverare, consentendoci di affrontare sia le sfide quotidiane sia i grandi traguardi della vita.

Quando i due sistemi lavorano in armonia e in equilibrio, senza che l'uno prevalga sull'altro, la psiche opera in modo altrettanto equilibrato e stabile, divenendo più libera di accedere alle proprie risorse interiori e di attingere al potenziale creativo inconscio.

Dunque, io attingevo da questo "serbatoio" interiore ogni volta che riflettevo sul fatto che quel lavoro non era il mio destino, ma rappresentava comunque il mio riscatto.

Ecco perché ogni giorno mi recavo al lavoro carico di gratitudine e determinazione, ed ecco perché questa mia motivazione era evidente a chiunque mi incontrasse. Svolgevo ogni compito senza farmi tanti problemi e senza il pensiero della fatica. La mia comunicazione diveniva sempre più aperta, fluida, diretta, autentica, superava i miei limiti, le mie inesperienze, la mia cadenza napoletana, i miei retaggi di pronuncia. Forse non ero ancora maturo, ma avevo la grinta dei miei diciotto anni e il forte desiderio di scoprire cosa la vita avesse ancora in serbo per me.

E la vita mi riservò, ancora una volta, una sorpresa: scoprii che Stefano B. esercitava la professione a Roma, proprio a pochi minuti dal negozio in cui lavoravo. Cominciò un'altra avventura.

Una sera, dopo l'orario di chiusura del negozio, mi presentai nel suo studio. Lo attesi per una mezz'oretta, poi lo incontrai. Sedemmo insieme e mi rivolse subito delle domande per conoscermi meglio: chi ero, cosa facessi nella vita, come e dove l'avessi conosciuto... compresi che la sua non era semplice curiosità, mi stava scrutando, osservava e dava peso ad ogni mio gesto, ogni mio movimento, ogni mia reazione, come se stesse cercando un motivo preciso per quella conversazione. E in fondo, lo cercava davvero.

Quella sera mi invitò a cena in compagnia di alcuni suoi collaboratori. Mi fece sentire accolto, come se ci fosse sempre stato un posto per me a quella tavola. E, dopo quella sera, numerose altre volte cenammo insieme.

Stefano fu una fonte d'ispirazione per me. La sua personalità era forte, istituzionale ma anche profondamente trasgressiva. Accanto a lui appresi un altro modo per indagare le dinamiche del Conscio e dell'Inconscio, attraverso l'ipnosi, non solo come tecnica ma anche come linguaggio, come ponte verso ciò che le parole non possono dire. Compresi il valore della comunicazione non verbale e simbolica nell'interazione con la parte più profonda dell'essere umano e rafforzai dentro di me l'idea che la personalità di ognuno è fatta di schemi mentali, codici emotivi e comportamenti.

Roma, con la sua anima millenaria, offriva tutto ciò che si potesse desiderare per approfondire gli studi sull'animo umano: esperienze, incontri, meraviglie architettoniche, biblioteche, percorsi di studio. Così, oltre a studiare per ottenere l'abilitazione in psicologia, la mia strada incrociò quella di maestri che mi insegnarono a relazionarmi con la sofferenza altrui nelle sue varie forme.

Tuttavia, un forte richiamo interiore mi spinse ad ampliare gli studi anche sulla spiritualità, verso quel mondo invisibile agli occhi fisici, angelico, sottile, archetipico, che risuonava con quella che allora potevo definire come la mia "ingenua sensibilità".

Iniziai, perciò, a frequentare corsi sugli angeli e sugli arcangeli alla ricerca di chi potesse guidarmi nel comprendere meglio quella realtà "parallela". Fu così che venni a conoscenza di un certo Padre Massimo, appartenente all'Ordine della SS. Trinità.

In breve tempo, riuscii ad organizzare un incontro con lui e il mio cuore era in tumulto. Nei giorni che precedettero l'appuntamento, cercai di immaginarmi cosa avrei potuto raccontare di me, della mia storia, quali domande avrei potuto rivolgergli e quali risposte avrei voluto ricevere... ma non avrei mai potuto immaginare ciò che poi realmente successe.

Lo raggiunsi in un antico santuario poco fuori Roma, lontano dal caos della città, dai luccichii della vita mondana e dalla ricchezza materiale. Era un luogo spartano, essenziale, silenzioso, sacro.

Appena arrivai, mi fecero accomodare in una piccola stanza, arredata solamente con un tavolo e due sedie di legno. Lì aspettai. Mentre ero assorto nei miei pensieri, un brivido improvviso attraversò la mia schiena, facendomi rizzare i peli. Era lui. Era appena entrato nella stanza, ma io ero di spalle e non potevo averlo visto. L'avevo percepito. Il mio corpo lo aveva "riconosciuto" prima ancora che io potessi guardarlo con gli occhi.

Padre Massimo si avvicinò lentamente alle mie spalle. Mi sfiorò con una mano sulla spalla, poi si sedette sulla sedia di fronte a me, mi prese entrambe le mani e, guardandomi negli occhi, mi disse che mi stava aspettando da tempo, che il nostro incontro era già scritto e che aveva tante cose da raccontarmi. Era visibilmente felice di vedermi; io, invece, ero completamente frastornato dalle sue prime parole, senza sapere che quelle che sarebbero seguite avrebbero scatenato un vortice di emozioni ancora più intenso. Prima di lasciare spazio alle mie domande, infatti, Padre Massimo mi disse: *Sai perché non hai la gamba? Sai perché ti è accaduto l'incidente? Ora ti racconto...* e come un fiume in piena, mi spiegò per filo e per segno i dettagli della mia storia, ma soprattutto mi fece comprendere come quell'incidente facesse parte del mio destino e perché. Come faceva a saperlo?

Come poteva sapere della mia gamba e del mio incidente?

Nessuno gli aveva parlato di me, né tantomeno io avevo raccontato a qualcuno la mia storia. Eppure, il racconto era dettagliato, compreso il mio incontro con la Luce. La conoscenza di Padre Massimo e del suo "antico sapere" trasformò definitivamente la mia visione della vita e il mio approccio alla sofferenza e alla guarigione. L'essere umano aveva un corpo, una psiche, ma anche un'Anima.

Con Padre Massimo nacque fin da subito un rapporto fraterno, profondo. Divenne il mio padre spirituale, la mia guida luminosa nel cammino verso la conoscenza del mondo divino. E le esperienze vissute insieme mi furono di grande aiuto negli anni successivi, quando mi ritrovai ad accogliere pazienti afflitti da dolori profondi, spesso radicati in lutti non elaborati. Ma di questo ti parlerò più avanti.

Qualche anno dopo, conobbi Ennio C. e fu un altro incontro importante per me. Uomo poliedrico, scrittore, saggista, poeta, profondo umanista, cultore di dottrine arcane, misteriche e mistiche. Con lui vissi esperienze di meditazione che mi aprirono a nuove dimensioni di coscienza. Fu anche grazie a lui che imparai ad esplorare le realtà ultra-fisiche, espandendo il mio sentire oltre i confini della mente.

Negli anni, altri mentori si susseguirono sul mio cammino. Ognuno, a suo modo, lasciò la sua impronta e contribuì ad affinare la mia comprensione dell'essere umano. Tutti questi tasselli, incontri, esperienze, insegnamenti, intuizioni, hanno composto, nel tempo, la visione di ciò che oggi chiamo *Uomo Triadico*: un essere formato da *Corpo*, *Psiche* e *Anima*, tre dimensioni inscindibili che coesistono e interagiscono continuamente nella nostra esistenza. É a partire da questa visione integrata che ho sviluppato il mio metodo di indagine dell'animo umano e di intervento, che ho descritto nei volumi della *Psicologia Subliminale* e che, in modo diverso, voglio raccontarti anche in questo libro, facendoti viaggiare nel mondo del tuo Inconscio. Un viaggio alla scoperta di ciò che muove i tuoi pensieri, le tue emozioni, i tuoi comportamenti... e, soprattutto, del potenziale profondo che vive in te.

Il mio studio, il luogo della rinascita

La parte più preziosa, e forse anche la più insolita, del mio percorso formativo è quella che potrei definire la mia vera "patente professionale", un apprendimento non convenzionale, fatto sul campo, costruito giorno dopo giorno, osservando, ascoltando, interiorizzando. Se oggi, con occhi adulti e più consapevoli, guardo al percorso che mi ha condotto alla psicologia, appare chiaro come, ancor prima di affrontare il percorso universitario convenzionale, siano stati gli incontri "casuali" a modellare il mio cammino. Ogni mentore conosciuto ha lasciato un segno, ha posto un seme dentro di me e mi ha avvicinato sempre più alla conoscenza delle dinamiche dell'essere umano. È stato un cammino di osservazione attenta, d'immersione pratica, in cui la teoria è arrivata dopo, come una conferma illuminante di ciò che avevo già visto accadere nella realtà. Affiancando i miei mentori, avevo appreso le tecniche pratiche prima ancora di conoscere le teorie accademiche alla loro base. Proprio questa modalità di apprendimento non convenzionale e libera da vincoli accademici aveva acceso in me uno sguardo nuovo, una visione più ampia e integrale dell'essere umano che, con il tempo, avrebbe dato forma al mio approccio teorico e terapeutico. Quando, poi, ho studiato sui libri, non leggevo astrazioni, ma ritrovavo nomi e concetti che avevano già preso forma dentro di me, grazie alle esperienze precedenti. Non era più studio e apprendimento, ma riconoscimento. Non solo capivo, ma sentivo.

Mancava l'ultimo tassello al mio percorso: avere l'ufficialità per aiutare gli altri a trasformare in meglio le loro vite. Così, nel 1998, superai l'Esame di Stato e ottenni l'abilitazione all'esercizio della professione di psicologo. Da lì seguirono altri percorsi accademici, altre lauree.

Quel titolo non fu un traguardo, ma un nuovo inizio.

Nello stesso anno, fondai a Roma l'Istituto I.C.S. - Istituto di Comunicazione Sinergica e Psicologia Subliminale - il mio spazio di ricerca e terapia, il luogo in cui le conoscenze classiche e quelle più innovative si fondevano in una nuova visione dell'essere umano, sinergica, integrata. Qui mi mettevo alla prova come professionista ma anche come ricercatore dell'animo umano. Cercavo il senso profondo della vita mentre accompagnavo le persone in un percorso di risveglio, riequilibrio, rinascita, con risultati efficaci, rapidi e duraturi.

Il mio percorso formativo, che continuo a considerare "non convenzionale", mi aveva portato a svolgere tirocini in contesti appartenenti a diverse scuole di pensiero. È proprio da quel crocevia di approcci che nacque in me una convinzione profonda: integrare è necessario. Non dovevo scegliere una corrente di pensiero e rinnegare le altre. Si poteva unire ciò che funzionava, potenziarne gli effetti e dar vita a qualcosa di nuovo.

I libri potevano insegnarlo, ma sperimentarlo dentro di sé, divenirne consapevole e viverlo nel quotidiano era tutto un altro discorso. Integrare teorie diverse non era affatto scontato, né facile. Ogni scuola portava con sé un proprio linguaggio, una propria visione dell'essere umano, concetti che si sovrapponevano o, spesso, collidevano. Eppure, quando si passava alla pratica e alle tecniche, le divergenze si attenuavano ed emergeva una sola verità, un solo fine: guidare gli individui verso il riequilibrio, verso un benessere non solo mentale o fisico, ma profondamente integrato.

Era evidente per me che Corpo-Psiche-Anima erano aspetti inseparabili dell'essere umano. All'epoca, però, questo concetto d'integrità non era proprio facile da proporre. Certo, era condiviso e accettato il pensiero che la salute del corpo influenzasse la qualità di pensieri ed emozioni e, viceversa, che una psiche equilibrata potesse generare effetti positivi sul corpo, ma mancava il ponte che tenesse insieme ogni aspetto dell'essere umano. Sono stati gli sviluppi delle neuroscienze a dimostrare come questa connessione fosse reale, biologicamente fondata.

Eppure, c'era un elemento che restava ai margini dei circuiti ufficiali: l'Anima. Parlarne come di una forma energetica, vitale, capace di animare il corpo e dare senso all'esistenza... era quasi un'eresia accademica. E lo è, in parte, ancora oggi. Ma chi lavora a contatto con la sofferenza umana, chi sa ascoltare davvero, non può ignorarla.

C'è qualcosa in noi che va oltre il corpo, le emozioni e i pensieri. Qualcosa che chiede di essere riconosciuto.

E così, a poco a poco, il mio studio cominciò a riempirsi di storie. Ogni persona che entrava portava con sé un frammento di vita, una ferita da decifrare, un nodo da sciogliere. Ma quello spazio era anche il luogo della mia rinascita, del mio fiorire, non solo come professionista, ma soprattutto come essere umano a cui era stata data una seconda possibilità per scoprire lo scopo della propria esistenza.

Le persone arrivavano con problemi diversi e una sofferenza emotiva che si manifestava in forme differenti. La strana "coincidenza" fu che, per circa sei mesi, con una regolarità quasi impressionante, alcuni di loro mi parlavano dello stesso tipo di ferita: la perdita di una persona cara.

Durante le sedute affioravano contenuti intensi, conflitti non ancora elaborati, legami mai veramente chiusi, e persino la visione della persona ormai non più in vita, associata a manifestazioni e sensazioni cariche di significato spirituale. Emergevano dialoghi astratti, racconti d'incontri in altre dimensioni, rivelazioni sul mondo dell'aldilà... e ogni volta che ascoltavo, qualcosa dentro di me si risvegliava. Quelle parole, quelle immagini, quegli incontri, toccavano le mie corde e riattivavano il ricordo del mio incontro con la Luce.

Mi colpiva notare come, dopo ogni seduta, negli occhi dei pazienti emergeva una nuova armonia, una serenità riconquistata. Era come se la terapia li avesse ricondotti al centro di sé stessi.

Queste esperienze sul campo mi spingevano ad ampliare i miei orizzonti, a conoscere sempre di più, informarmi, approfondire, leggere libri, frequentare corsi di formazione, che mi portavano immancabilmente all'incontro con altre persone di cultura, dotate di profonda consapevolezza e conoscenza del corpo, della psiche e dell'Anima.

È così che sono arrivato a sviluppare una mia personale visione sulla natura dell'animo umano che condivido con te in questo libro.

Più studiavo, più affioravano domande. E più risposte trovavo, più desideravo approfondire. La mia curiosità era una fiamma viva.

Non cercavo titoli da esibire, cercavo senso.

Ogni esperienza, ogni incontro, ogni dubbio diventava una domanda aperta verso qualcosa di più grande. E più mi interrogavo sul significato profondo del mio lavoro, più si radicava in me una verità silenziosa, ma potente: non ero stato solo io a scegliere questo cammino, ma era stato anche il cammino a riconoscere e trovare me.

Solo con il tempo e grazie all'incontro con numerosi pazienti e corsisti, alcuni dei quali ti descriverò nei prossimi capitoli, ho maturato la consapevolezza che la mia non era semplicemente una professione, ma una chiamata, una missione, una spinta che veniva da quella parte di me che aveva conosciuto il dolore, la pace e la forza. E quando intraprendi un cammino di questo tipo, presto capisci che una laurea non basta. Così, alla prima ne seguirono una seconda, poi una terza, tutte italiane. Poi la specializzazione in psicoterapia, diversi master e un percorso di formazione anche estero.

Oggi potrei definirmi in molti modi: psicologo, psicoterapeuta, educatore, pedagogista, master in psicologia psicoanalitica, master in criminologia e psicologia giuridica, consulente tecnico per il Tribunale di Treviso, etc. ma nessuno di questi ruoli dice davvero chi sono.

Io sono un uomo che continua a porsi domande, osservare, studiare, sperimentare, perché la conoscenza non ha mai fine e perché l'evoluzione personale non si misura in crediti formativi, ma in consapevolezza, in esperienze, in uno stile di vita funzionale che ti fa stare bene con te stesso, godere di relazioni vere, stimolanti e appaganti e che fa della tua professione, la tua passione.

Ora ti chiedo: a che punto siamo arrivati, tu e io?

Non mi riferisco solo al racconto della mia vita, ma al momento che stai vivendo ora, dopo aver letto queste prime pagine.

Fermati a riflettere.

Come ti senti?

Quali emozioni si muovono in te?

Ciò che stai facendo corrisponde a ciò che avresti voluto fare?

La relazione che stai vivendo è come te l'aspettavi?

Il lavoro che svolgi appaga le tue esigenze profonde?

Se sì, bene!

Stai camminando sulla tua strada.

Se la risposta, invece, è "no" vuol dire che c'è qualcosa che devi necessariamente comprendere e cambiare... e io sono qui per questo. Per aiutarti e dirti che non potrà essere il cambiamento a venire da te, ma dovrai essere tu ad andare verso il cambiamento.

Ti ho raccontato il mio percorso non solo per mostrarti come sia nata la *Psicologia Subliminale*, ma per farti comprendere che le ferite, i dubbi, le cadute, le rinascite, non sono teoria, sono parte viva della mia storia e anche della tua. In fondo, tutto ciò che hai letto fin qui è il racconto di un viaggio eroico. Il tuo. Un viaggio che parte da una crisi e può condurti, passo dopo passo, verso una trasformazione profonda, una rinascita. Forse, mentre leggi, hai riconosciuto le tue sfide nelle mie parole. Forse alcune ferite hanno cominciato a parlarti con un linguaggio nuovo. Le nostre esperienze, così diverse eppure simili, possono incontrarsi in un luogo comune che conduce alla prossima tappa, dove costruiremo qualcosa di solido, autentico, capace di sostenerti. È lì che stiamo andando.

Nel prossimo capitolo ti guiderò alla scoperta dei pilastri della nostra esistenza: Psiche, Sblocco e Riequilibrio Emotivo.

Ti accompagnerò lungo il cammino del riequilibrio, ma anche dell'apertura spirituale, dove corpo-psiche-anima potranno finalmente dialogare in te.

Ti offrirò strumenti pratici, casi reali e strategie concrete che potranno aiutarti nell'immediato. Non saranno solo consapevolezze, saranno vere e proprie chiavi per risvegliare quella parte di te che da tempo prova a parlarti... e che, fino ad ora, non hai ascoltato.

CAPITOLO 2

LA PSICHE

Nutrire l'Inconscio

Benvenuto in questo nuovo capitolo che ti condurrà verso il cuore pulsante del nostro viaggio. Inizieremo qui a esplorare il primo dei tre pilastri fondamentali del mio approccio: la Psiche; mentre nei capitoli successivi procederemo, passo dopo passo, alla comprensione degli altri due pilastri: lo Sblocco Emotivo e il Riequilibrio, attraversando i territori profondi dell'Inconscio fino ad arrivare alla dimensione più sottile della Spiritualità.

In queste pagine, ti guiderò alla scoperta del funzionamento della psiche attraverso casi clinici reali, riflessioni, immagini evocative e strumenti pratici; l'obiettivo è aiutarti a riconoscere ciò che accade dentro di te, dare un nome alle tue sensazioni, orientarti nel tuo percorso di crescita personale ed entrare in contatto con le tue risorse interiori.

Ti accompagnerò affinché tu possa iniziare a vedere con occhi nuovi il modo in cui le tue emozioni si muovono, s'intrecciano, si bloccano o fluiscono liberamente. E se, lungo il cammino, ti riconoscerai in una delle storie che condividerò, sappi che non sarà un caso.

Per iniziare, ti pongo una semplice domanda: ti nutri di piaceri o di sofferenze?

Per aiutarti a rispondere, è importante fare una premessa.

Nella dinamica tra Conscio e Inconscio, tra ciò che vivi nel mondo esterno e ciò che accade dentro di te a livello più profondo e inconsapevole, esiste un canale privilegiato attraverso cui l'Inconscio si manifesta: la *tensione emotiva*.

Come spiego nel primo volume sulla *Psicologia Subliminale*, l'Inconscio non è un semplice deposito passivo di contenuti rimossi, ma un sistema attivo che si alimenta di tensioni emotive. In termini semplici, significa che l'Inconscio elabora le emozioni che provi in risposta agli eventi esterni, mettendole in relazione con i contenuti già presenti al suo interno: bisogni, ricordi, desideri, ferite emotive. Da questa "relazione" nasce una tensione emotiva che, a sua volta, genera una reazione interna "positiva" o "negativa", in base al tipo di contenuto che è stato toccato o riattivato.

Quando la tensione è "positiva", più facilmente percepisci sensazioni come attrazione, desiderio, spinta all'azione. Quando, al contrario, la tensione è "negativa", puoi percepire fastidio, disagio, malessere.

In altre parole, ogni volta che qualcuno o qualcosa risveglia in te una passione, un ricordo piacevole o un desiderio profondo, potresti percepire lo stato di tensione come entusiasmo, fervore, frenesia, desiderio irrefrenabile, sensazioni legate al piacere capaci di farti sognare, immaginare una vita diversa, motivarti all'azione e al cambiamento. Viceversa, quando qualcuno o qualcosa tocca ferite del passato, conflitti irrisolti, bisogni frustrati, sensi di colpa, rifiuti o perdite, potresti avvertire agitazione, irrequietezza, disagio, turbamento, sensazioni scomode legate alla sofferenza. E quando provi a fuggire da queste sensazioni senza riuscire a esprimerle, comprenderle, elaborarle, trasformarle, la tensione emotiva trova una via di uscita, emergendo in modi indiretti: sintomi, disturbi psicosomatici, comportamenti compensatori o azioni simboliche.

Quello che tu sperimenti è "piacere" o "sofferenza", ma dietro vi è un elaborato processo interiore che ha lo scopo di farti comprendere quando qualcosa dentro di te è bloccato, non elaborato e non risolto e, nello stesso tempo, indicarti la via da percorrere per liberarti dalle ferite del passato e dai condizionamenti negativi.

Le tensioni emotive non nascono dal nulla, sono l'espressione diretta della qualità del legame che costruiamo nel tempo con quelli che chiamo gli ***11 elementi fondamentali dell'esperienza psichica***: padre, madre, affettività, sessualità, partner, figli, realizzazione professionale, relazioni interpersonali, corpo, mente, attività di svago.

Se il rapporto con ciascuno di questi elementi è in armonia con i tuoi bisogni profondi e desideri autentici, essi diventano sorgente di benessere, equilibrio e appagamento. Al contrario, quando uno o più di questi legami si fanno dissonanti rispetto alle tue esigenze o aspettative, iniziano ad emergere stress, frustrazione, inquietudine e sofferenza.

Quello che mi preme farti comprendere è che, dal punto di vista della psiche, non fa differenza se stai vivendo piacevoli sensazioni o se stai ingoiando sofferenze, il tuo Inconscio si sta comunque nutrendo.

Infatti, le tensioni emotive non sono di per sé né positive né negative, sono semplicemente l'espressione dell'energia psichica che nasce dalla dinamica interna tra poli opposti:

- tra ciò che sei e ciò che vorresti essere

- tra ciò che hai e quello che vorresti avere
- tra ciò che dici e ciò che fai
- tra ciò che pensi e ciò che senti davvero.

La differenza tra piacere e sofferenza non risiede nella tensione in sé, ma nel modo in cui vivi le esperienze, nel significato che attribuisci a ciò che senti, nella qualità delle emozioni che sperimenti, nel divario tra il tuo ideale e il reale che vivi ogni giorno.

Proprio nello spazio tra aspettativa e realtà nasce la tensione emotiva che, come energia psichica, cerca una via per emergere e lo fa attraverso pensieri che affiorano all'improvviso, emozioni che non riesci a spiegarti, scelte istintive, comportamenti automatici e, spesso, anche attraverso il corpo. Ad esempio, un prurito senza causa apparente, è il segnale fisico di una tensione emotiva che richiede la tua attenzione... ma di questo ti parlerò più avanti.

Ogni tensione emotiva, dunque, è la manifestazione di un bisogno profondo che non ha ancora trovato uno spazio nella tua consapevolezza per esprimersi. Ti faccio un esempio prendendo in considerazione uno degli undici elementi che ho approfondito nel primo volume sulla *Psicologia Subliminale:* il rapporto con il proprio padre.

Può darsi che questa relazione sia stata costruita sulla base di stabilità, accoglienza, amore e armonia oppure, al contrario, sia stata segnata da disarmonie, instabilità, incomprensioni, rifiuti, disagi e intolleranze.

Ti è mai capitato che il suo semplice tono di voce, un gesto, o persino la sua presenza ti provocassero fastidio fisico o disagio emotivo?

Ecco, è proprio di questo che sto parlando.

Quando una relazione significativa, come quella con un genitore, diventa fonte di sofferenza, anziché d'amore, si genera un conflitto interno: tra il bisogno di sentirsi accolti, accettati, considerati e la realtà di vedersi respinti, ignorati, non capiti, fra il desiderio di amare e la difficoltà di fidarsi.

Ora prova a estendere questo ragionamento ad altre aree della tua vita, come il lavoro, le amicizie, il rapporto con il tuo corpo, con la tua mente... secondo te, che tipo di emozioni scopriresti a nutrire il tuo Sistema Inconscio?

Immagina di vivere una relazione sentimentale nel disaccordo costante, in cui non fai altro che discutere e sentirti incompreso, non ascoltato, non amato... quanto potrebbe davvero crescere questo amore? E che tipo di scelte evolutive potrà mai farti compiere?

Oppure pensa al tuo lavoro. Se non ti soddisfa, non ti appaga, non ti gratifica, se i colleghi ti irritano o l'ambiente ti opprime, come potresti affrontare le sfide o riconoscere e cogliere le opportunità di crescita?

A differenza delle esperienze che regalano gioia e serenità, quelle che generano sofferenza finiscono per affollare il tuo Inconscio, fino a soffocarlo e bloccarlo. É come se si accumulassero detriti sul fondo, piccoli o grandi sassi emotivi che rallentano il naturale fluire della tua energia psichica. E, così, quando ti nutri per troppo tempo di dolore, tristezza, rancore, perdi di vista la tua direzione e ti concentri solo su quanto stai soffrendo, imprigionandoti in un loop dove i pensieri si fanno pesanti, le scelte sembrano sempre sbagliate e la tensione psicofisica si cronicizza, rendendoti più fragile, più confuso e meno preparato ad affrontare gli urti della vita.

Qual è, però, il punto centrale?

Che il tuo Inconscio si nutre comunque di tensioni emotive, siano esse "positive" o "negative". Quindi, la sofferenza, il rancore, il dolore non rielaborati, riempiono l'Inconscio e, una volta sedimentati, questi vissuti emotivi restano attivi e continuano ad agire in profondità. Anche quando l'evento conflittuale o traumatico è passato da tempo, gli effetti restano e si manifestano sotto forma di pensieri ricorrenti, stati d'animo alterati, confusione, comportamenti automatici, errori che si ripetono, come se fossi intrappolato in un copione invisibile che si ripete.

Ti racconterò alcuni casi clinici che illustrano esattamente questo processo: persone segnate da eventi accaduti anni prima, eppure ancora così vivi dentro di loro tanto da condizionare ogni giorno le loro scelte, le emozioni e le reazioni.

Restiamo sull'esempio del padre e immaginiamo che sia venuto a mancare. La sua scomparsa non elimina il dolore di un rapporto conflittuale, non cancella ciò che è stato detto o fatto, non dissolve la rabbia, la delusione, la paura, così come non svuota l'Inconscio che per anni si è nutrito di sofferenze. Anzi, quel nutrimento emotivo, anche se tossico, rimane sedimentato e continua a filtrare la realtà, distorcere i pensieri, colorare le emozioni, guidare inconsapevolmente i comportamenti.

In questa condizione, fai fatica non solo a fare pace con un padre che non c'è più, ma anche a elaborare il lutto. É come se la perdita si rinnovasse ogni giorno; quel dolore si ripete e la ferita non si cicatrizza mai, bloccando il tuo processo di cambiamento.

Nel caso di una ferita emotiva profonda, non intervenire e non farsi aiutare può condurre a stati psicologici complessi o crisi esistenziali, perché il dolore, quando si cronicizza, si trasforma in blocco emotivo... e appare come la "normalità".

Numerosi studi scientifici[2] lo confermano: le persone che perdono il partner manifestano un aumento significativo di sintomi depressivi, ansia, invecchiamento precoce e mortalità. In particolare, negli anziani[3] si riscontra un aumento di disabilità, malattie croniche, ictus, cancro, ricoveri ospedalieri e un rischio di decesso maggiore rispetto a chi non sperimenta un lutto profondo.

Hai mai sentito l'espressione: "Ho il cuore spezzato"? Ebbene, non è solo un modo di dire. Esiste davvero una condizione medica chiamata "sindrome del cuore infranto"[4], con sintomi reali e tangibili che emergono in seguito a traumi emotivi acuti, e che, in alcuni casi, può portare a complicazioni cliniche gravi e persino alla morte. Accanto a queste ferite invisibili, ci sono ferite silenziose che non sanguinano, ma che scavano nel profondo. Quelle che restano sotto la soglia della coscienza e che ti fanno sentire vuoto, spento, disconnesso da te stesso. Quelle che, quando qualcuno ti chiede: *Come stai?,* rispondi con un vago *Mah... così!* La verità è che non hai parole, non riesci a descrivere il tuo malessere, e se ti domandano *Perché sei triste?* non trovi una risposta; anche quando tutti ti dicono che dovresti essere felice, perché hai tutto, tu non riesci a sentire questa felicità! Quel vuoto non si vede, ma si sente e cresce.

---

[2] Thapar, A., Eyre, O., Patel, V., & Brent, D. (2022). *Depression in young people.* The Lancet, 400(10352), 617-631.

[3] Domingue B.W., Duncan, L., Harrati, A. & Belsky, D.W. (2021). Le conseguenze a breve termine del lutto sulla salute mentale predicono il declino a lungo termine della salute fisica negli anziani: analisi dello studio statunitense sulla salute e la pensione. *Journal of Gerontology: Series B, Psychological Sciences and Social Sciences, 76*(6), 1231–1240. https://doi.org/10.1093/geronb/gbaa044

[4] Ennis, J., & Majid, U. (2021). "Death from a broken heart": A systematic review of the relationship between spousal bereavement and physical and physiological health outcomes. *Death Studies, 45*(7), 538-551.

Il dolore sordo del vuoto se non viene ascoltato, riconosciuto e consapevolmente elaborato, resta sul fondo dell'Inconscio e pesa come un macigno, togliendoti energia, lucidità e vitalità.
Di fronte a un carico emotivo eccessivo, l'Inconscio prova a difendersi e a difenderti: fa scattare alcune leve emozionali e mette in atto strategie di compensazione, utili a far defluire la pressione interna attraverso canali di sfogo alternativi. Così, potresti iniziare a cercare sollievo nel cibo, nel fumo, nell'alcool, nella droga, nel gioco, nella trasgressione sessuale, nel lavoro compulsivo o, all'opposto, nella rinuncia totale a qualsiasi forma di piacere. Ogni comportamento diventa una strategia per distrarsi dal dolore, una via per ottenere un sollievo momentaneo, una modalità di adattamento, definita "a rischio", che è ben lontana dalla guarigione e dalla realizzazione di sé. Potresti mangiare in eccesso per riempire un vuoto che non comprendi, oppure smettere di mangiare perché il tuo dolore è già troppo ingombrante, potresti iniziare a fumare o fumare di più, bere qualche bicchierino di troppo, cercare sfogo in fugaci relazioni o evitarle del tutto, potresti buttarti a capofitto nel lavoro o non trovare più entusiasmo nel fare le cose. Qualsiasi azione, apparentemente banale o abitudinaria, può divenire l'espressione simbolica di una fuga, un tentativo per non sentire la sofferenza.
In questa fase, il tuo Sistema Inconscio ti sta lanciando un messaggio chiaro: stai ignorando un sovraccarico emotivo. E anche se ti sembra di avere tutto sotto controllo e la tua vita sembra procedere normalmente, qualcosa dentro di te si è inceppato. Come accade ad un computer con la memoria piena, il tuo Sistema inizia a rallentare e funziona in modo meno efficiente e ciò che prima ti sembrava semplice o facile da fare, ora diventa pesante. Ogni cosa t'infastidisce, t'irrita e t'innervosisce. Ancor prima di iniziare la giornata ti senti stanco, rallentato, pesante e fai fatica

a fare le cose. É il segnale che il tuo Sistema è in stallo, proprio come quando il computer impiega troppo tempo a caricare una pagina e la rotellina continua a girare... senza che accada nulla. Tutto resta bloccato. Anche tu.

Come spiego nel primo volume sulla *Psicologia Subliminale*, quando per troppo tempo nella tua vita non cambia nulla e le prime difese non bastano più, l'Inconscio attiva una seconda strategia di difesa: inizia a parlarti attraverso i sintomi psicologici.

Ed è così che, senza capire davvero il perché, iniziano a comparire un'ansia che non va via, paure più marcate, un senso costante di disagio o insicurezza, una tristezza indefinita, apatia, chiusura affettiva. Ma invece di fermarti e guardare dentro, istintivamente cerchi fuori di te un colpevole, un capro espiatorio, qualcuno o qualcosa da accusare per il tuo malessere. In realtà, è il tuo Inconscio che sta cercando di farti rallentare, costringerti ad ascoltare ciò che hai imparato a ignorare, perché ogni sintomo non è un nemico da combattere, ma una voce inascoltata, un'emozione compressa, una ferita, un ricordo che chiede di essere visto e compreso.

Quando ignori i tuoi disagi emotivi, non stai solamente facendo finta di nulla, ma stai bypassando l'ultima barriera di protezione dell'Inconscio, che ora rischia il crash.

Il blocco emotivo, infatti, è il suo segnale di allarme. Si manifesta in modi che, forse, conosci fin troppo bene: un'ansia che non riesci più a gestire, un senso di vuoto che si trasforma in depressione, attacchi di panico che irrompono senza preavviso, paure che paralizzano, un burnout che ti svuota di ogni energia; poi sopraggiungono le somatizzazioni, i disturbi psicosomatici, le patologie psichiche e persino le malattie organiche.

So che tutto questo potrebbe sembrarti esagerato, eppure ho scelto di descriverlo ugualmente per due motivi fondamentali:

1. perché tu possa comprendere il potere dell'Inconscio di distruggere, ma anche di guarire;
2. perché, riconoscendoti in queste dinamiche, tu possa cominciare a intravedere una via d'uscita.

Infatti, ciò che oggi ti blocca può diventare il mezzo che ti guiderà verso la tua più profonda trasformazione.

La verità è che, spesso, di fronte alla sofferenza emotiva, la prima risposta è di tipo farmacologico. E non è sbagliata. I farmaci, in determinate circostanze, possono essere un valido aiuto, poiché stimolano la produzione di quelle sostanze neurochimiche che il corpo, per varie ragioni, ha smesso di generare in autonomia. Ma, nella maggior parte dei casi, non basta. Ci sono persone che, pur seguendo da anni una terapia farmacologica, non trovano un reale sollievo. Al contrario, restano intrappolate in uno stato di congelamento emotivo. Non perché i farmaci non servano, ma perché, da soli, non riescono a raggiungere quei luoghi profondi della psiche dove si annidano i traumi, le ferite, i nodi irrisolti dell'Inconscio.

Un'altra strada molto comune è quella del colloquio terapeutico: uno spazio protetto dove la parola, la relazione e la consapevolezza aiutano a ritrovare il filo della propria vita, quello che unisce il passato al presente. E anche le parole hanno un potere enorme, ma non sempre bastano a sciogliere i blocchi emotivi più profondi. La consapevolezza è solo il primo passo, ma non è sufficiente: sapere cosa ti fa soffrire, infatti, non equivale automaticamente a sapere come uscirne; anzi, a volte, diventare consapevoli del problema senza trovare soluzioni può persino amplificare la sofferenza.

É per questo che, nel mio metodo, integro la parola con tecniche esperienziali che lavorano a un livello più profondo: lo sblocco dell'Inconscio; perché non si tratta solo di "capire", ma anche e soprattutto di "sentire" e poi "trasformare".
Il paziente, o chi partecipa ai miei corsi, non è uno spettatore passivo, ma un protagonista attivo del proprio cambiamento. È lui a decidere, con la sua volontà e il suo coraggio, quando è il momento di "guarire" dalle ferite del passato e, quando arriva quel momento, non è mai solo, trova gli strumenti, la guida e il sostegno necessari per iniziare a liberarsi davvero.
Il riequilibrio del Sistema Inconscio, infatti, non avviene per magia, è un processo consapevole, un meccanismo di autocorrezione, è come un click che scatta dentro di te, ma che ha bisogno di essere attivato.
E tu, sei pronto ad attivarlo? Perché è davvero arrivato il momento di rivolgere a te stesso un autentico atto d'amore.

Le regole dell'Inconscio

L'Inconscio ha le sue regole; conosce esattamente ciò di cui ha bisogno, ma ancora di più sa che cosa disturba il suo equilibrio.
La prima regola da comprendere è questa: per l'Inconscio il tempo non esiste così come lo intendiamo normalmente; non distingue tra passato, presente e futuro in modo logico e lineare. Ogni esperienza dolorosa che hai vissuto, ogni trauma, ogni conflitto interiore, anche se risale ad anni fa, è ancora vivo dentro di te, esiste nel *qui ed ora*; e se non ne prendi consapevolezza, quella sofferenza continua a rigenerarsi, distorcendo la percezione della realtà e condizionando le tue scelte.

La seconda regola fondamentale è che l'Inconscio non parla con le parole, ma attraverso emozioni, immagini e simboli. È un linguaggio arcaico che si esprime con sogni, fiabe, metafore, miti e anche tramite il corpo, nei gesti involontari, nei pruriti, nei tic, nelle tensioni muscolari, fino ad arrivare a vere e proprie somatizzazioni e malattie.

Con queste premesse, ti sarà più chiaro che le tue esperienze di vita non sono mai neutre né per te né per il tuo Inconscio. Ogni incontro, evento, situazione che affronti oggi, attiva in te delle risonanze: emozioni che risvegliano memorie passate, che agganciano ferite mai sanate, che ricordano legami interrotti... emozioni che aprono porte sul passato. Tutto si "rimescola" e l'equilibrio del tuo Inconscio viene alterato. E così una mancanza vissuta oggi risveglia la mancanza di sempre, un torto subìto nel presente si trasforma in una voce interiore che sussurra *Sono destinato a soffrire!*, una semplice gelosia riaccende una paura antica che si ripete sempre, anche con persone nuove. É così che una relazione attuale può diventare lo specchio delle tue ferite del passato e un figlio il riflesso della tua stessa infanzia.

In realtà, quindi, non soffri tanto per ciò che sta accadendo oggi nella tua vita, quanto per ciò che quell'evento ha smosso dentro di te, per ciò che ha fatto riaffiorare dalle profondità del tuo Inconscio.

Nulla accade "solo adesso".

L'Inconscio porta il passato nel presente, lo rielabora, lo ripropone sotto nuove forme, fino a quando non ti risvegli, fino a quando non scegli di guardarti dentro e non lo sblocchi: elimini la tensione emotiva che ti genera sofferenza, i conflitti sedimentati, i condizionamenti limitanti e lo liberi dalle catene invisibili del passato.

Ed è proprio lì, in quello spazio sospeso tra l'oggi e lo ieri, che può cominciare il lavoro di trasformazione, grazie al quale puoi sciogliere i legami inconsci che ti trattengono, dare un nuovo significato a ciò che hai vissuto e riscrivere la tua storia. Perché, quando il presente stimola il passato, hai due possibilità: restare bloccato nella sofferenza, intrappolato nel ruolo di chi subisce, lamentandoti, rimuginando e piangendoti addosso, oppure cogliere l'opportunità di capire, affrontare, risolvere, liberare il tuo Inconscio e trovare un nuovo equilibrio, fatto di maggiore consapevolezza e libertà.

La chiave per trovare, ogni volta, un nuovo equilibrio interiore sta proprio nello sblocco emotivo: un processo dinamico che trasforma scioglie i nodi, libera l'energia psichica intrappolata e la rende disponibile per la comprensione, il cambiamento e la crescita.

Per affrontare il tema dello **Sblocco Emotivo**, che rappresenta il secondo pilastro del mio metodo, è fondamentale comprendere che l'Inconscio comunica attraverso un linguaggio fatto di simboli, immagini, sensazioni, emozioni ed è proprio grazie a questo linguaggio che si può attivare un processo di cambiamento interiore.

Se vuoi davvero svuotare l'Inconscio dai macigni emotivi che lo appesantiscono, tra ricordi dolorosi, nodi conflittuali e condizionamenti obsoleti, e attingere alle sue risorse creative, devi imparare a conoscerlo, interpretarlo e usare il suo stesso linguaggio.

A tal proposito, Carl Gustav Jung[5] ha offerto una chiave di lettura importante: le immagini simboliche e gli Archetipi non sono semplici rappresentazioni mentali, ma veri e propri trasformatori di energia psichica. Secondo Jung, questi elementi sono porte d'accesso all'Inconscio, capaci di facilitare un dialogo con le forze interiori più profonde e di sciogliere blocchi psichici.

---

[5] Jung, C. G. (1978). *L'uomo e i suoi simboli*. Milano: Mondadori.

Le immagini simboliche, dunque, sono ponti tra Conscio e Inconscio.
Partendo da questo concetto junghiano e integrando gli studi sul simbolismo, le teorie di diversi autori post junghiani, le tecniche ipnotiche, le filosofie orientali, le neuroscienze e le intuizioni più recenti della fisica quantistica, ho sviluppato l'approccio innovativo della ***Psicologia Subliminale***. Al centro di questo approccio vi è la visione che l'essere umano non è un sistema psicobiologico isolato, ma un campo quantico di coscienza in risonanza continua tra il suo mondo interiore e l'ambiente esterno. Allo stesso modo, la psiche non è isolata ma si muove all'interno di un campo complesso di energie, informazioni, memorie inconsce, archetipi che influenzano continuamente il suo processo di evoluzione.
In altre parole, i tuoi pensieri, i tuoi stati d'animo, le tue scelte, i tuoi comportamenti, non nascono dal nulla; sono l'espressione visibile di un continuo dialogo tra ciò che accade fuori di te e ciò che si muove dentro di te. Questa interazione inconscia non inizia con la tua data di nascita o, meglio, da quel momento in poi ne divieni sempre più consapevole, ma esiste da prima della tua esistenza terrena e prosegue oltre la tua morte fisica, perché l'Anima che alberga in ognuno di noi, che altre tradizioni definiscono Ātman, Scintilla Divina, Sé, Coscienza, o più recentemente Campo Quantico di Coscienza, esiste sempre.
A questo livello inconscio e subliminale, come già detto, la comunicazione si esprime attraverso il linguaggio simbolico delle immagini, delle emozioni e delle sensazioni corporee.
Uno dei miei obiettivi è proprio aiutarti a leggere e decifrare il linguaggio dell'Inconscio, insieme a quei segnali che il corpo ti invia per dirti che qualcosa dentro di te sta chiedendo attenzione, ascolto e comprensione.

Imparare a riconoscere questi segnali ti permetterebbe di accedere a una conoscenza più profonda di te stesso, scoprendo ciò che ti sta rallentando, frenando, ostacolando, e soprattutto come puoi agire per sbloccarti e riprendere il tuo cammino evolutivo con più consapevolezza e libertà emotiva.

Ricorda che ciò che oggi ti rallenta o ti frena, sotto forma di problema, difficoltà, tensione, sintomo o blocco, non è una punizione né un fallimento e non è lì per farti sentire sbagliato o sfortunato, ma è un messaggio, è l'Inconscio che bussa utilizzando il suo linguaggio. Spesso, infatti, il sentirti rallentato, confuso, bloccato è proprio la condizione necessaria per iniziare a fermarti, guardare dentro di te, comprendere, tornare ad attingere alle tue risorse interiori e riallinearti al tuo percorso più autentico. E così, ciò che chiamavi "problema" diventa un segnale, il sintomo si trasforma in una richiesta di cambiamento, il blocco diviene opportunità e ciò che ti trattiene oggi può diventare ciò che ti prepara a rinascere.

Ti è mai capitato di reagire in modo istintivo a un gesto, una parola, un evento e, subito dopo, pentirtene dicendo a te stesso: *Perché mi sono comportato così?*

Ti sei anche reso conto che la tua reazione è stata sproporzionata, fuori luogo o persino autodistruttiva, e ti sei chiesto: *Perché non sono riuscito a controllarmi?*

Oppure ti sei mai domandato da dove arrivino certe tue paure, tendenze, blocchi interiori, senza riuscire a ricordare quando e perché tutto ciò abbia avuto inizio?

Probabilmente sì e forse, come molti, non hai trovato risposte chiare o soddisfacenti, perché ciò che accade fuori, come evento, parola, tono di voce, sguardo, atteggiamento, può far emergere un condizionamento sedimentato nel tuo Inconscio, in un passato più o meno lontano, e che avevi dimenticato. É come se, all'improvviso, si aprisse un ponte tra il presente e il passato, rimasto chiuso per anni, che ripropone lo stesso scenario, gli stessi meccanismi, le stesse reazioni, le stesse dinamiche di sempre. È il tuo passato che ritorna, non come ricordo cosciente, ma come reazione automatica alle tue sensazioni di oggi; reazione che, se non la comprendi e non la elabori, può continuare a sabotare il tuo presente e influenzare il tuo futuro.

Il caso di Elena: la memoria che non era sua

Ritengo utile raccontarti ora il caso di una donna che ho seguito con successo e che, per tutelarne la privacy, chiamerò Elena.

Aveva 35 anni quando entrò nel mio studio per la prima volta. Era una donna gentile, elegante, di una bellezza intensa ma mai ostentata.

Accanto a lei, un uomo profondamente devoto, attento, premuroso nei suoi confronti.

La sua vita sembrava perfetta: una carriera brillante, indipendenza economica, amici sinceri e una relazione stabile e rassicurante. Eppure, qualcosa non andava. Elena portava dentro una profonda tristezza e un'ansia silenziosa che si manifestava con una morsa al petto e una nebbia che, senza preavviso, calava tra lei e il mondo.

È come se mi scollegassi dagli altri. Come se non potessi più sentire niente, mi disse. Non riusciva a spiegare da dove nascesse quel senso di vuoto e di solitudine né perché, proprio nei momenti in cui si sarebbe dovuta sentire al sicuro, era più vulnerabile, fragile e tormentata dalla paura di essere abbandonata. Nella sua memoria cosciente non trovava alcun evento traumatico che potesse giustificare quella frattura emotiva ed era perfettamente consapevole che né la sua famiglia né il suo compagno l'avrebbero mai lasciata sola. Ma quella consapevolezza non bastava a placare il turbamento interiore che continuava a bussare. Era il segnale di un conflitto sommerso, forse antico, rimosso o mai riconosciuto, un blocco emotivo profondo che le impediva di vivere appieno e di lasciarsi andare completamente alla gioia e alla fiducia.

Fu allora che, dopo aver indagato il rapporto con gli 11 *elementi fondamentali dell'esperienza psichica* e identificato le modalità con cui i simboli archetipici interagivano in lei nella dinamica tra Conscio e Inconscio, le proposi un viaggio interiore, un'esplorazione guidata nei territori invisibili della sua psiche.

E fu così che, in una delle nostre sedute, Elena fece un'esperienza significativa. La sua percezione la riportò indietro nel tempo, oltre l'infanzia. Affiorò un vissuto antico, primordiale, risalente al periodo della gestazione: *Sento il calore, l'umidità... percepisco il mio corpo come se si stesse ancora formando. Qui mi sento protetta*, mi disse.

Ma quella quiete durò poco. Una vibrazione sottile cominciò a muoversi in quello spazio, era la risonanza profonda di qualcosa che non era stato ancora affrontato. Elena iniziò a provare paura, angoscia, ma riusciva anche a comprendere che quelle emozioni non le appartenevano pienamente: *È come se la sofferenza di mia madre entrasse in me... la sento dentro il mio corpo!* Poi aggiunse una frase rilevante: *Sento mia nonna che la consola. E sento mia madre che, tra le lacrime, dice: "Ti prego Dio, non portarmelo via*!". In quello spazio simbolico, Elena stava rivivendo la sofferenza emotiva di sua madre che, mentre la portava in grembo, era al capezzale del marito, il papà di Elena, vittima di un incidente stradale. Nella realtà, il padre si riprese e non abbandonò mai né la moglie né la figlia. L'infanzia di Elena fu colma d'amore. Ma quell'esperienza prenatale aveva lasciato in lei un'eco potente.

Cosa aveva realmente vissuto Elena in quei minuti?

Il lavoro terapeutico aveva fatto riemergere un dolore della madre mai elaborato, mai raccontato, che aveva lasciato un segno indelebile nelle profondità della sua psiche.

Come spiego nei miei corsi e nei miei libri, la connessione tra madre e figlio comincia ben prima della nascita. Non è un legame solo fisico, ma anche e soprattutto energetico, emotivo, vibrazionale. Se la madre, durante la gravidanza, vive un'esperienza traumatica, conflittuale o angosciante, che non riesce a rielaborare, quella carica emotiva può imprimersi nel campo psichico del feto come "informazione emozionale", pronta ad attivarsi automaticamente, proprio come un software che parte all'avvio del sistema operativo.

Nel caso di Elena, la tristezza e l'angoscia da abbandono che la opprimevano non erano realmente sue, erano risonanze di un dolore non risolto trasmesso di madre in figlia, non attraverso i geni, ma il campo psichico ed emotivo. Alcuni autori parlano di *campo psichico*[6] o *memoria emozionale transgenerazionale*[7] o *lealtà familiare*[8] o *inconscio collettivo*[9], io la definisco *memoria intrauterina*. Comunque lo si voglia chiamare, quel dolore era rimasto lì, in attesa di essere riconosciuto, ascoltato, trasformato. Dopo questo vissuto emotivo e

[6] Abraham, N., & Torok, M. (1994). *The shell and the kernel: Renewals of psychoanalysis* (N. Rand, Trans.). Chicago, IL: University of Chicago Press.

[7] Boszormenyi-Nagy, I., & Spark, G. M. (1988). *Lealtà invisibili. La reciprocità nella terapia familiare intergenerazionale*. Roma: Astrolabio Ubaldini.

[8] Rober, P. (2005). Lealtà familiare e generazioni. *Rivista di Psicologia Clinica*, *12*(3), 215–230.

[9] Jung, C. G. (1968). *The archetypes and the collective unconscious* (R. F. C. Hull, Trans.). Princeton, NJ: Princeton University Press.

aver compreso che quell'angoscia non le apparteneva davvero, Elena cominciò il suo vero processo di liberazione. Qualcosa si era finalmente sciolto.

Per Elena, iniziare una terapia non fu solo un'opportunità di cura per sé stessa, ma anche un atto d'amore inconsapevole verso i suoi figli e persino verso i suoi nipoti. Perché sì, ci sono eredità che non si tramandano solo attraverso il legame di sangue o il cognome, ma viaggiano lungo catene invisibili, fatte di emozioni non dette, traumi silenziosi, fedeltà inconsce. E quando una persona trova il coraggio di guardare dentro di sé e sciogliere i propri nodi, consapevolmente guarisce sé stessa e spezza la catena degli automatismi, restituendo una nuova possibilità di libertà a tutti i membri della famiglia.

È anche per questo che il percorso formativo che propongo non si limita alla teoria, ma offre un'esperienza concreta e graduale di trasformazione interiore, strutturata in più step, ciascuno pensato per portare consapevolezza, sblocco e riequilibrio nella vita di ognuno. Un viaggio interiore per riconoscere ciò che è rimasto bloccato, sciogliere nodi antichi e restituire al presente la libertà che il passato aveva tolto.

Oltre le parole

Riprendiamo il nostro discorso sull'importanza d'imparare a decodificare il linguaggio dell'Inconscio, una forma di comunicazione intrecciata con le emozioni, gli stati d'animo e le dinamiche della personalità. Non si esprime, quindi, soltanto attraverso le parole, ma prende forma in gesti involontari, microespressioni, silenzi eloquenti, pause che spesso dicono più di mille parole, variazioni nel tono della voce, nella gestione dello spazio personale, nei sogni, nei simboli e negli Archetipi. Ne parlo in modo più ampio nel primo volume sulla *Psicologia Subliminale*, ma qui ti anticipo che ci troviamo di fronte a un vero e proprio codice universale, una grammatica emozionale che attraversa culture, epoche e continenti. È attraverso questo codice che l'Inconscio comunica i suoi bisogni, i suoi desideri, i suoi rifiuti e i suoi blocchi.

Fu lo psicologo Paul Ekman[10,11] uno dei primi ricercatori ad aver dimostrato l'universalità del linguaggio delle emozioni. Studiando le espressioni facciali delle popolazioni indigene della Nuova Guinea, dove il mondo moderno non aveva ancora lasciato la sua impronta, scoprì che le emozioni fondamentali avevano lo "stesso volto": gioia, tristezza, rabbia, paura, disgusto, sorpresa... erano espresse con mimiche facciali spontanee, autentiche, innate. Segnali immediatamente riconoscibili in tutto il mondo, indipendentemente dal contesto sociale o culturale.

Le emozioni, dunque, non mentono. Sono il linguaggio più sincero che possediamo, spesso più eloquente delle parole. Imparare a leggere i segnali ci permette di entrare in contatto profondo con noi stessi e, di riflesso, anche con gli altri, perché la qualità delle nostre relazioni dipende anche dalla nostra capacità di esprimere e comprendere ciò che sentiamo davvero.

Come ripeto spesso ai miei pazienti e corsisti: *comunicare non significa semplicemente parlare, significa saper dare voce ai propri reali bisogni, alle proprie emozioni, intenzioni e verità interiori.*

---

[10] Ekman, P., & Friesen, W. V. (1971). Constants across cultures in the face and emotion. *Journal of personality and social psychology*, *17*(2), 124.

[11] Ekman, P., & Keltner, D. (1970). Universal facial expressions of emotion. *California mental health research digest*, *8*(4), 151-158.

Lo so che non è sempre facile. Ci sono momenti in cui non riesci a esprimerti come vorresti, hai difficoltà a trovare le parole per spiegare come ti senti; esiti, ti blocchi, ti fai sopraffare dalla rabbia, dalla paura, dall'imbarazzo, ti senti giudicato, frainteso, non capito. Altre volte, invece, è il corpo a parlare per te, prima ancora che tu ne sia consapevole: un gesto involontario, una smorfia, uno sguardo che sfugge o che impone, una postura che si chiude, un passo indietro o uno slancio in avanti. In una danza spontanea ed espressiva, il corpo racconta ciò che le parole non riescono a dire, rivelando il vero senso del tuo discorso, i tuoi limiti inconsci, le paure più profonde, i blocchi che ti trattengono, ma anche ciò che ti manca, i desideri inespressi, i sogni nascosti, le attrazioni che ricerchi.

I bambini sono i veri maestri di questo linguaggio. Prima che il mondo insegni loro a trattenersi e censurarsi, comunicano con il corpo in modo puro, diretto e sincero. A seconda delle necessità, utilizzano il repertorio a loro disposizione: pianto, gorgheggi, espressioni facciali, gesti spontanei, movimenti del corpo. Sanno comunicare. Piuttosto siamo noi adulti che facciamo fatica a cogliere quei segnali, perché troppo spesso filtriamo tutto attraverso la logica, dimenticando il nostro mondo interiore.

Ti faccio un esempio molto chiaro: quando un bambino dice una bugia, istintivamente si porta la mano alla bocca, come per trattenere le parole appena pronunciate. Si tratta di un gesto spontaneo che nasce da un processo rapidissimo: intenzione (sto per dire una bugia) – azione (la dico) – reazione comportamentale (devo nasconderla).

In questo caso, la sua comunicazione non verbale è stata efficace e inequivocabile. Poi quel bambino cresce, viene educato, condizionato dalla cultura e dalle convenzioni sociali, e perde progressivamente il contatto con il proprio corpo, non riconoscendo più quei segnali sottili che, però, inconsapevolmente continua a usare. Così, da adulto, quando mente, non si copre più la bocca con la mano, ma magari la sfiora appena, si gratta il naso, distoglie lo sguardo o cambia il tono di voce, mentre tenta di convincere il proprio interlocutore della veridicità delle sue parole.

Questo esempio ti mostra quanto il linguaggio delle emozioni sia naturale e spontaneo, e il mio obiettivo è farti comprendere il valore della **consapevolezza**. Saper cogliere e interpretare i segnali del corpo non può restare solo un atto puramente istintivo o lasciato al caso, deve diventare un atto consapevole. L'osservazione attenta e la successiva riflessione sono fondamentali per comprendere, perché quel linguaggio parla di te, della tua storia, delle memorie che porti dentro, delle scelte che hai fatto e di quelle che devi ancora compiere per rimetterti sul sentiero tracciato per te. Imparando a leggere quei gesti spontanei e ricchi di significato, potrai scoprire la tua vera natura, affrontare i nodi interiori, attivare le tue risorse e proseguire nel tuo percorso di evoluzione.

Ecco perché, nel mio lavoro, l'analisi del linguaggio delle emozioni non è solo uno strumento diagnostico, ma una vera e propria chiave d'accesso a ciò che le parole da sole non riescono a raccontare, perché l'Inconscio parla una lingua che va ascoltata con gli occhi, col cuore, con tutto il proprio essere.

Nel caso di Elena, abbiamo visto come, tenuto conto della sua tipologia di personalità e guidata in un viaggio interiore, sia riuscita a lasciarsi andare e a immergersi nelle profondità della memoria inconscia, facendo riaffiorare ricordi e percezioni risalenti addirittura alla vita intrauterina, che la mente cosciente non avrebbe mai potuto ricordare da sola.

Se ti stai chiedendo: *Com'è possibile che un feto percepisca l'ambiente circostante?*

La risposta è questa: **il corpo sente prima della mente.** Il sistema nervoso registra, memorizza e organizza informazioni provenienti dall'ambiente anche prima dello sviluppo completo della coscienza. Per decenni si è creduto che il neonato fosse una "tabula rasa", un contenitore da riempire, privo di capacità percettive, che apprendeva solo dopo la nascita. Oggi, però, la ricerca scientifica ci racconta un'altra storia. Studi recenti in ambito neuropsicologico e perinatale confermano che il feto percepisce, sente e reagisce già nelle ultime settimane di gestazione.

Ad esempio, l'udito[12] comincia a svilupparsi a partire dalla 20ª settimana di gravidanza ed entro la 28ª il feto è già in grado di riconoscere suoni familiari, come la voce materna o il ritmo del battito cardiaco, come ti spiegherò più avanti. Anche il gusto e l'olfatto sono attivi nel grembo: il liquido amniotico cambia sapore in base all'alimentazione materna e, dopo la nascita, il neonato mostra sorprendenti preferenze gustative coerenti con quanto percepito prima della nascita[13]. Questi dati ci dimostrano che l'ambiente uterino non è uno spazio vuoto, ma un vero e proprio campo di apprendimento multisensoriale. E se anche la scienza ci dice che già nell'utero tutti i sensi si preparano a funzionare, la storia di Elena non sembra più così incredibile.

---

[12] Lecanuet, J. P., Granier-Deferre, C., & Busnel, M. C. (1995). Fetal auditory perception. In B. de Boysson-Bardies, S. de Schonen, P. Jusczyk, P. MacNeilage, & J. Morton (Eds.), *Developmental neurocognition: Speech and face processing in the first year of life* (pp. 3–18). Dordrecht, Netherlands: Springer.

[13] Mennella, J. A., Jagnow, C. P., & Beauchamp, G. K. (2001). Prenatal and postnatal flavor learning by human infants. *Pediatrics, 107*(6), e88. https://doi.org/10.1542/peds.107.6.e88

Dopo il parto, i neonati continuano a comunicare attraverso modalità corporee e non verbali. Il linguaggio verbale è ancora lontano, ma il corpo parla fin da subito. Movimenti come inarcare la schiena, scalciare, strofinarsi gli occhi, allungarsi, succhiarsi le dita, rappresentano forme istintive, primitive ma significative di comunicazione. Perfino le vocalizzazioni e la sorprendente presenza del suono "Ma" come richiamo materno risultano comportamenti innati e universali. Questi segnali non sono isolati o casuali, ma frammenti di un linguaggio primordiale e olistico, radicato nella nostra dimensione corporea, che ci parla della nostra capacità di entrare in relazione ancora prima di poterla pensare. E questa comunicazione non può non esistere già nel grembo materno, dove il bambino inizia a sperimentare un dialogo fatto di suoni, vibrazioni e sentimenti.

Il punto, quindi, non è se questo linguaggio esista, ma se siamo ancora capaci di riconoscerlo e interpretarlo.

Già negli anni '60 e '70, lo psicologo statunitense Albert Mehrabian[14] aveva dimostrato l'influenza che hanno tono della voce, gesti ed espressioni facciali nel modo in cui interpretiamo le emozioni e gli atteggiamenti degli altri. Dai suoi studi sulla comunicazione umana emerse che, quando cerchiamo di comprendere chi abbiamo di fronte o di capire se qualcuno sta mentendo, tendiamo a dare maggiore peso agli aspetti non verbali (come gesti, espressioni del viso, postura, distanza, contatto visivo) o paraverbali (come tono, ritmo, pause, volume della voce) piuttosto che al contenuto verbale vero e proprio. Le relazioni umane, dunque, non si costruiscono soltanto su frasi ben formulate e dense di significato, ma si fondano su una complessa danza di segnali

---

[14] Mehrabian, A., & Wiener, M. (1967). Decoding of inconsistent communications. *Journal of Personality and Social Psychology*, 6(1), 109–114.

sottili, espressi attraverso la prossemica, la paralinguistica e la gestualità. Definisco questi canali di comunicazione ***canali termometro***, perché permettono di rilevare lo stato emotivo di una persona: il suo livello di tensione, il suo reale interesse o rifiuto implicito rispetto a ciò che sta vivendo, osservando, ascoltando o percependo.

La straordinaria forza di questo linguaggio sta nella sua capacità di oltrepassare i limiti che le parole spesso non riescono a superare. Valica le barriere linguistiche, culturali e persino quelle imposte da condizioni cliniche complesse, come l'autismo o la demenza. È come se il corpo sapesse cosa dire, anche quando la mente non riesce a trovare le parole. E questo ha qualcosa di profondamente umano e toccante.

Prendiamo, ad esempio, l'autismo. È un disturbo del neurosviluppo che compromette la comunicazione e l'interazione sociale ed è spesso associato a schemi comportamentali rigidi e ripetitivi. Tuttavia, adottando un approccio integrato, che combina tecniche corporee, verbali e non verbali, vi è la possibilità che i bambini autistici inizino a comunicare con il mondo esterno.

Un principio simile si riscontra nelle interazioni con persone affette da demenza[15]. Quando le capacità linguistiche si deteriorano o risultano assenti, lo sguardo, il sorriso, un gesto, il tono della voce o la semplice presenza fisica, diventano i principali canali per veicolare emozioni e costruire relazioni. Segnali spesso sottovalutati, ma capaci di trasmettere comprensione, affetto e rassicurazione in modo ben più efficace delle parole.

---

[15] Magai, C., Cohen, C. I., & Gomberg, D. (2002). Impact of training dementia caregivers in sensitivity to nonverbal emotion signals. *International Psychogeriatrics*, 14(1), 25–38. https://doi.org/10.1017/S1041610202008256

La comunicazione emotiva, infatti, non agisce sul piano razionale; è un gioco di risonanze, una forma di percezione sottile che permette di comprendere e connettersi con l'altro al di là delle parole. Un gesto istintivo nasce da stati d'animo o intenzioni profonde, spesso inconsce, e nel momento stesso in cui si manifesta, genera una vibrazione emotiva nell'altro. Questa vibrazione può essere percepita o meno a livello della consapevolezza, compresa o ignorata dalla mente razionale, ma l'Inconscio l'ha già captata, "letta", registrata. Così come il corpo ascolta e reagisce istintivamente a questi segnali subliminali prima ancora che la mente riesca a elaborarli.

Come sottolinea lo psicologo americano Allan Schore[16], nei suoi studi sullo sviluppo affettivo, il nostro sistema nervoso è progettato per cogliere e rispondere a questi segnali sottili prima ancora che diventino consapevoli. Ed è per questo che puoi sentire "a pelle" la sintonia con una persona, oppure avvertire disagio senza sapere esattamente da cosa derivi. Non servono molte parole per capire se qualcuno ti piace, t'ispira fiducia, t'incuriosisce o ti attrae, lo senti e basta; e ti viene naturale e spontaneo cercare la sua vicinanza fisica, giocare con i capelli mentre pensi a lei, morderti le labbra, sorridere, quasi senza accorgertene. Allo stesso modo, puoi annuire o accennare un sorriso mentre ascolti qualcuno, ma percepire che qualcosa stona nelle sue parole, così t'irrigidisci, fai un passo indietro, incroci le braccia o ti strofini il naso.

Il tuo corpo capta, decodifica e risponde. Ecco il potere straordinario della comunicazione emotiva: anche quando non sei pienamente consapevole di ciò che accade dentro di te o nell'altro, il corpo lo è; come in una danza silenziosa invia i suoi segnali mentre coglie quelli dell'altro.

---

[16] Schore, A. N. (2019). *The development of the unconscious mind.* W. W. Norton & Company.

Il corpo traduce in gesti, posture, microespressioni, atteggiamenti, ciò che l'Inconscio percepisce ed elabora. E, nella relazione con l'altro, l'Inconscio percepisce, interpreta e al tempo stesso esprime bisogni, preferenze, timori, rifiuti, disagi.

Sorprendente, vero? Anche quando non vuoi o non riesci a esprimerti, il tuo Inconscio e il tuo corpo lo fanno per te. È come se qualcuno potesse leggerti nel pensiero. Ogni incontro, ogni scambio, ogni relazione stimola e, nello stesso tempo, riflette ciò che porti dentro: emozioni, pensieri, condizionamenti, memorie, conflitti, traumi, ma anche la tua personalità. Anche quando, per educazione, paura o abitudine, cerchi di reprimere o nascondere ciò che provi, queste emozioni trovano comunque una via d'uscita; e lo fanno attraverso il canale di comunicazione più antico e immediato: il linguaggio non verbale, fatto di vibrazioni, microespressioni, tensioni muscolari, distanze, atteggiamenti, reazioni istintive, fino a manifestarsi, nei casi più profondi, attraverso veri e propri sintomi psichici o fisici.

Anche tu ti esprimi attraverso il non verbale. Lo facciamo tutti. E anche tu puoi essere "letto" dagli altri, ma soprattutto puoi imparare a leggere te stesso... perché ciò che comunichi è ciò che hai vissuto ed è, in fondo, ciò che *sei*.

Imparare a leggerti, significa intraprendere un viaggio dentro te stesso e, passo dopo passo, trovare la strada maestra del tuo cambiamento.

Ciò che vive dentro di te tende sempre a emergere, trovare uno sfogo, farsi ascoltare e portare luce dove c'è ancora buio.

Uno dei primi segnali che indica che qualcosa si sta muovendo dentro di te, che sono state toccate le tue corde emotive, è proprio il **prurito**.

Senti mai un prurito improvviso?

Alcuni gesti sono vere e proprie valvole di scarico della tensione emotiva. Un pizzicore sulla mano o sulla spalla, grattarsi la testa o il collo, toccarsi le sopracciglia o lo zigomo, sfiorarsi il naso o la zona lacrimale: sono tutti segnali corporei che indicano l'attivazione di uno stato emotivo, una risposta istintiva del corpo a una tensione interna.

Esistono anche segnali di scarico che coinvolgono l'intera postura e il movimento: il modo in cui una persona cambia posizione, muove nervosamente le gambe, si dondola sulla sedia o sposta il peso del corpo da un piede all'altro, può rivelare uno stato di agitazione interiore o una difficoltà nel gestire ciò che sta vivendo. Anche la voce può tradire il coinvolgimento emotivo: può abbassarsi all'improvviso, diventare roca o, nei casi più estremi, arrivare fino all'afonia. Persino un semplice atto come la deglutizione può dire molto. E poi ci sono segnali più marcati, come il mordersi le unghie, spesso legati a una tensione profonda e persistente, difficile da contenere.

Come ti ho già accennato, la tensione in sé non è né positiva né negativa, ma è il segnale che l'Inconscio sta cercando una via di espressione attraverso il corpo.

Il prurito, quindi, quel leggero ma insistente pizzicore in alcune zone specifiche del corpo, non va interpretato in termini di "buono" o "cattivo", ma come un campanello d'allarme emotivo, un messaggio che indica che qualcosa si è attivato dentro di te: ciò che hai sentito, visto o percepito non è passato inosservato al tuo Inconscio e non è risultato neutro, ma ha toccato una corda sensibile. Sarà, poi, l'evoluzione dei gesti successivi a svelare la vera natura di quella tensione ovvero se è collegata a un'emozione scomoda, come disagio, paura, imbarazzo o rifiuto, oppure a una reazione positiva come entusiasmo, attrazione o eccitazione.

A conferma di ciò, voglio condividere con te un episodio reale, che ho già descritto nel primo volume sulla *Psicologia Subliminale*.

Era una giornata d'estate. Stavo passeggiando, quando mi imbattei in Paolo, un vecchio amico che non vedevo dai tempi della scuola. Dopo lo stupore iniziale, ci abbracciammo con entusiasmo e iniziammo a parlare come se gli anni non fossero mai passati. Quando l'euforia iniziale si placò, Paolo mi invitò a sederci su una panchina e cominciammo a raccontarci le nostre vite. Mi chiese che cosa avessi fatto in tutto questo tempo, che lavoro svolgessi, se fossi sposato, se avessi dei figli. Stavo rispondendo con naturalezza, ma qualcosa attirò la mia attenzione: il suo volto aveva iniziato a prudere. Si grattava ripetutamente prima la guancia, poi la fronte, poi di nuovo vicino al naso, in modo sempre più insistente. Quel gesto non era un tic né sembrava dovuto a un problema epidermico. No, lì c'era qualcosa di più profondo.

Notai che i momenti in cui si grattava coincidevano esattamente quando pronunciavo alcune parole specifiche: "lavoro", "casa", "figli".

Paolo era in silenzio ad ascoltarmi, eppure il suo corpo parlava, svelando il tentativo inconscio di comunicare un'emozione che non riusciva più a contenere.

Osservare dove e come si manifestava il prurito, mi permise di comprendere che le mie parole risuonavano profondamente in Paolo, innalzando il livello della sua tensione emotiva.

Ma quella sua tensione emotiva era generata da un senso di "piacere", una vita familiare appagante e un lavoro gratificante? Oppure era il segnale di "sofferenza", conflitti irrisolti, turbamenti silenziosi?

Dopo tanti segnali "preparatori", mentre io continuavo a parlare serenamente, Paolo si strofinò con insistenza il naso. Fu in quel momento che la tensione rivelò la sua "identità": Paolo viveva un profondo conflitto sia con la famiglia che con il lavoro.

Ciò che Paolo raccontò di sé a parole, poco dopo, fu solo la conferma di ciò che il suo corpo aveva già espresso. Perché il corpo non comunica solo la tensione emotiva, ma mette in atto anche segnali di "gradimento" e di "rifiuto", e sono proprio loro a dare ai segnali precedenti, come il prurito, una connotazione positiva o negativa.

Il racconto del mio amico Paolo è una dimostrazione chiara che il gesto, da solo, non è sufficiente per interpretare ciò che sta accadendo a livello emotivo. É la zona del corpo in cui si manifesta il segnale a fornirci informazioni più specifiche sull'intensità della tensione, mentre il contesto attribuisce significato e valore a quello stesso gesto.

Durante i miei seminari, invito spesso una persona sul palco per mostrare, in modo pratico e immediato, come si attiva l'Inconscio attraverso le reazioni del corpo. Basta uno stimolo esterno mirato, come una parola specifica, una domanda, un'immagine, per innescare una risposta corporea automatica, segno che qualcosa non è emotivamente neutro per quella persona. Se lo stimolo viene percepito come piacevole, in risonanza con emozioni positive, il corpo reagisce con segnali di apertura e la persona può, ad esempio, avvicinarsi fisicamente, accarezzarsi il capo, sfiorarsi le labbra. Al contrario, se lo stimolo è vissuto come sgradevole, ambiguo o minaccioso, il corpo si ritrae in modo spontaneo e la persona può fare un passo indietro, incrociare le braccia, storcere la bocca o arricciare il naso.

Questi micro-segnali non sono casuali e leggerli correttamente richiede sensibilità, attenzione e metodo.

Nel primo volume sulla *Psicologia Subliminale* approfondisco proprio questo tema: come riconoscere e interpretare i segnali di tensione emotiva, gradimento e rifiuto inconsci, per imparare a leggere il linguaggio del corpo con maggiore precisione e consapevolezza.
Nello stesso libro, presento anche il significato di alcuni segnali particolari, come quelli *monovalenti* o *polivalenti*, che definisco *archetipici* perché rappresentativi della tipologia di personalità secondo il mio approccio - il Metodo Raffaele Sammarco.
Perché ti parlo del prurito, della comunicazione emotiva e dei segnali archetipici in questo libro?
Perché ogni interazione, ogni incontro, personale o professionale, risveglia una risonanza emotiva dentro di noi e, al tempo stesso, lascia una traccia nell'altro. Che tu ne sia consapevole o meno, ogni relazione diventa un terreno fertile dove s'intrecciano emozioni, segnali, ricordi e reazioni che affondano le radici nel passato. Ecco che vivere nel presente una nuova relazione, un nuovo lavoro o trasferirsi in un altro paese può rivelarsi un'illusione, solo un'apparente novità: se sono le esperienze non elaborate del passato a guidare silenziosamente il tuo modo di reagire, pensare, percepire te stesso e gli altri, il presente rischia di diventare una ripetizione mascherata. Vecchi scenari riemergono, si mescolano al presente e finiscono per condizionarlo, spesso senza che tu te ne accorga. Così, il partner di oggi inizia ad assomigliare nei difetti al tuo ex, il nuovo lavoro diventa lo stesso di sempre e persino un cambio di città o di nazione non basta a liberarti da quelle dinamiche interiori che ti porti dentro. Ma non è una condanna, è un invito a osservare più da vicino questi schemi ricorrenti e a distinguere ciò che ti appartiene oggi da ciò che apparteneva al passato.

Il mio intento, in queste pagine, è proprio questo: accompagnarti in un percorso di consapevolezza, affinché le mie parole possano diventare uno stimolo per te e ti spingano a osservare i tuoi comportamenti, pensieri, emozioni, atteggiamenti e a riconoscere quelle dinamiche inconsce che, se lasciate nell'ombra, continuano a condizionarti. Quando inizi a vedere davvero ciò che accade dentro di te, puoi interrompere i vecchi copioni e creare spazio per esperienze nuove, da vivere come se fosse la prima volta... non perché il mondo fuori sia cambiato, ma perché dentro di te qualcosa ha smesso di ripetersi.

Imparare ad ascoltare ciò che il corpo comunica è uno degli strumenti più potenti per entrare in contatto profondo con te stesso e con gli altri, ma è anche la chiave per proiettare un'immagine di te più coerente, capace di trasmettere fiducia, autenticità e autorevolezza.

Tua madre cantava mentre ti aspettava?

Può sembrare una domanda insolita, eppure racchiude un significato profondo, capace di toccare le radici più delicate della tua storia affettiva.

Prima di spiegarne il senso, t'invito a fermarti un istante.

Chiudi gli occhi, se vuoi. Porta l'attenzione dentro di te.

Sintonizzati con un tempo che non ricordi con la mente, ma che il corpo non ha mai dimenticato, perché prima delle parole, degli sguardi, prima ancora del contatto pelle a pelle, c'erano le vibrazioni... quelle del suo cuore, del suo respiro, della sua voce.

Ascolta e percepisci.

Le vibrazioni emotive di tua madre sono diventate memorie corporee, che hanno nutrito il tuo sviluppo psico-fisico e contribuito a plasmare le tue risposte affettive, il tuo modo di percepire te stesso, gli altri e il mondo. Ad esempio, se tua madre, mentre ti aspettava, tua madre ha accarezzato la sua pancia, ti ha pensato con amore, ti ha sussurrato parole dolci, quel linguaggio vibrazionale ha lasciato un'impronta nella tua memoria inconscia.

In particolare, il suo canto, con la sua carica affettiva, le vibrazioni del tono e del timbro, con le pulsazioni ritmiche e le armoniche della voce, non è stata solo un'espressione artistica o un intrattenimento, ma è stato un vero e proprio linguaggio di cura, connessione e amore, che ancora oggi è presente in ogni tua cellula.

Eppure, non tutte le storie sono fatte di suoni dolci.

Se tua madre ha attraversato momenti difficili, se non si sentiva pronta o non riusciva a connettersi con quel piccolo essere che cresceva dentro di lei, il tuo corpo l'ha percepito... e oggi può ancora portarne le tracce.

Ci sono gravidanze attraversate dal silenzio, emozioni represse, paure non dette, solitudini mai condivise.

Ci sono madri che, nel profondo, si sentono lontane dal proprio bambino, immerse in un mare di dubbi, stanchezza e dolore.

E quando una madre non si sente pronta ad accogliere le proprie emozioni, o non sa neanche che dovrebbe farlo, quel dolore non svanisce, non si dissolve nel tempo. Resta lì silenzioso, in attesa, pronto a riemergere nel momento più opportuno. Spesso, quel momento si presenta alla generazione successiva. Sono i figli, allora, a dover attraversare quel mare di emozioni che non nasce nella loro storia personale, ma che vive in loro come un'eco antica, percepita ma non compresa. Sono loro a provare ansia, paura, rabbia, dolore, un senso di blocco emotivo senza riuscire a trovare una causa. Sono loro a dover affrontare l'ignoto, a dare voce a quelle emozioni, riconoscerle, trasformarle e superarle. E quando questo accade, la catena invisibile che lega il presente al passato può finalmente spezzarsi.

Da lì, comincia qualcosa di nuovo: la possibilità di riscrivere per sé stessi una storia diversa. Una storia in cui ciò che hai ereditato non determina più chi sei, ma diventa la base da cui partire per scoprire chi puoi diventare.

Ti ricordi la storia di Elena?

Quella donna che ha ritrovato sé stessa partendo da un senso profondo di abbandono e risalendo fino al legame prenatale con sua madre?

Cosa era realmente accaduto?

Durante la gravidanza, la madre di Elena aveva vissuto un forte conflitto interiore, segnato dall'incidente del marito e dalla persistente paura di restare sola. Queste emozioni, mai elaborate, si sono silenziosamente impresse nella memoria inconscia della bambina che cresceva dentro di lei. Così, il legame materno non fu percepito da Elena come fonte di nutrimento e protezione, ma come qualcosa d'instabile, carico di tensione, allarme e paura. Da lì nacque la sua ferita più profonda: la paura dell'abbandono. Una paura che non le apparteneva originariamente, ma che aveva ereditato. Una memoria emotiva trasmessa dalla madre, assorbita prima ancora della nascita, che continuava a influenzare le sue relazioni e il modo di percepire sé stessa.

La memoria intrauterina è una delle quattro memorie in cui ho concettualmente suddiviso l'Inconscio. Quattro aree distinte - *memoria inconscia attuale*, *memoria intrauterina*, *memoria genetica*, *memoria transpersonale* o *collettiva* - ma interconnesse che costituiscono lo

spazio interiore in cui si depositano, fuori dalla consapevolezza, emozioni, ricordi, schemi, condizionamenti, conflitti irrisolti, traumi.
È fondamentale, quindi, che ogni memoria venga liberata da contenuti bloccati e irrisolti, perché così è possibile davvero riappropriarsi della libertà di scegliere chi essere, come vivere e quale direzione dare al proprio percorso di vita.
Ogni percezione che vivi oggi, infatti, ha il potere di riattivare memorie antiche che, in modo più o meno consapevole, influenzano il tuo modo di percepire e vivere il presente. Un profumo, un tono di voce, una melodia, una frase pronunciata in un certo modo... tutto può diventare una porta che apre su qualcosa di molto più profondo.
Perché alcuni suoni ti commuovono? E altri ti rassicurano? E perché altri, t'infastidiscono, t'irritano o ti mettono a disagio, senza un motivo apparente?
Se prendiamo a riferimento, ancora, la memoria intrauterina, il periodo che va dal concepimento alla nascita, possiamo immaginare come tua madre, con la sua voce, abbia scritto dentro di te una sorta di partitura acustica segreta. Ogni suono, acuto o grave, dolce o tagliente, attraverso la sua vibrazione, si è legato a un'emozione vissuta, respirata, assorbita nel grembo materno. Così, oggi, potresti sentire un senso di pace, serenità, gioia, familiarità ascoltando certe melodie, perché risvegliano la memoria inconscia di una presenza accogliente, una connessione materna sicura e profonda. Oppure potresti avvertire tensione, fastidio, rifiuto ascoltando altri suoni, perché in quelle frequenze è rimasta impressa una traccia emotiva dolorosa, che aspetta ancora di essere riconosciuta e trasformata.

Anche nelle altre memorie inconsce, che precedono o seguono temporalmente quella intrauterina, possono annidarsi legami affettivi non risolti che agiscono nel presente, al di là della tua consapevolezza.

La mia esperienza clinica e formativa, maturata in oltre venticinque anni di lavoro sul campo, mi porta ad affermare che le reazioni ai diversi suoni non sono mai casuali. Ciò che ti piace o ti disturba a livello sonoro è strettamente connesso alla tua storia, alla tua struttura psichica e alla tua *Chiave Emotiva*.

Come vedremo, ognuno di noi possiede una *Chiave Emotiva*, un codice unico che racchiude le radici del proprio mondo interiore e che funge da filtro personale attraverso cui interpretiamo il mondo e orientiamo le nostre preferenze.

Generalmente, chi ha una Chiave *Passiva*, ad esempio, tende a prediligere suoni acuti e vibranti; chi possiede una *Attiva*, invece, è più attratto da toni dolci e profondi. Queste inclinazioni si manifestano attraverso ciò che definisco segnali *gratificanti* o *penalizzanti*, suoni che ci fanno stare bene oppure ci mettono a disagio senza saperlo.

Per questo motivo t'invito a prestare attenzione ai suoni che ti gratificano, ti calmano, ti nutrono, ti fanno sentire a tuo agio, così come a quelli che t'infastidiscono, t'irritano, ti stancano o ti sottraggono energie. Osservarli con consapevolezza può aiutarti a conoscerti meglio e a scoprire aspetti ancora inesplorati della tua personalità.

L'invito che ti rivolgo è quello di ampliare il tuo sguardo interiore, affinare l'ascolto verso te stesso, perché nei suoni che scegli o rifiuti, nei gesti che compi, nelle movenze del tuo corpo, nel modo in cui gestisci il tuo spazio vitale, si svolge la trama invisibile della tua vita. È una trama dinamica, in continuo movimento, e tu hai il potere di trasformarla.

Ripercorrendo interiormente la tua storia, puoi ritrovare il filo sottile che unisce le esperienze del passato al presente, e da lì ridisegnare il tuo futuro con maggiore consapevolezza, coerenza e libertà.

CAPITOLO 3

LO SBLOCCO EMOTIVO

Le percentuali del benessere

Ti do il benvenuto in questo nuovo capitolo della nostra storia.
Ti accompagnerò in un viaggio di esplorazione interiore, verso quello spazio dove spesso si nascondono i pesi che hai imparato a portare dentro senza accorgertene. Passo dopo passo, ti offrirò strumenti concreti per iniziare a riconoscerli, alleggerirli e tornare a respirare con maggiore libertà.
Ciò che leggerai in queste pagine rappresenta solo una piccola parte dei risultati che potresti effettivamente raggiungere. Certo, i cambiamenti più profondi e duraturi si realizzano all'interno di un percorso strutturato, come una psicoterapia individuale o la partecipazione a corsi e seminari esperienziali, tuttavia, avere questo libro tra le mani è già un passo importante, un segnale chiaro che qualcosa dentro di te si è attivato e che stai iniziando a camminare verso una maggiore consapevolezza e il desiderio di libertà.
Vorrei iniziare parlandoti del Sistema Psicodinamico.

É un meccanismo interno che funziona come una sorta "bilancia psichica" responsabile del delicato equilibrio tra pensieri ed emozioni, tra impulsi e controllo, tra desideri e realtà. Quando ciò che provi dentro di te è riconosciuto e integrato nel tuo vivere quotidiano, questo sistema tende verso l'armonia. Al contrario, quando un'emozione viene ignorata, un bisogno trascurato o i pensieri diventano troppo ricorrenti e dominanti, il sistema si sbilancia verso la disarmonia, manifestando difficoltà, disagi, blocchi emotivi, sintomi e malattie.

Il cuore di questo sistema è il continuo movimento tra Conscio e Inconscio. Un dinamico gioco di forze, dove agiscono due componenti fondamentali: il Sistema Emotivo e il Sistema Logico.

Questi due sistemi svolgono funzioni complementari: uno percepisce lo stimolo, l'altro lo interpreta; uno regola le emozioni, l'altro organizza i pensieri. Sono due forze autonome ma profondamente interdipendenti che si scambiano informazioni, s'influenzano reciprocamente e si compensano.

Quando questi sistemi, logico ed emotivo, sono funzionali e in equilibrio, ti senti centrato, presente a te stesso e coerente. Quando, invece, uno dei due sistemi prende il sopravvento, tutto si altera: il pensiero diventa confuso, le emozioni si fanno pesanti e perdi quell'allineamento interno che ti permette di vivere con autenticità. Lo sblocco emotivo diventa, allora, una tappa necessaria per trasformare la sofferenza in consapevolezza e riportare dentro di te nuovo equilibrio e nuova stabilità.

Per aiutarti a comprendere meglio questo concetto, ti propongo un'immagine tratta dal primo volume sulla *Psicologia Subliminale.* Immagina una conversazione telefonica.

Per comunicare servono due elementi: un microfono per parlare e un ricevitore per ascoltare. Entrambi devono essere collegati correttamente e funzionare bene. Ora, pensa a cosa accadrebbe se provassi a parlare dal ricevitore e ad ascoltare dal microfono. Ebbene, la conversazione non potrebbe avvenire. Oppure, se uno dei due dispositivi funzionasse male, la voce sarebbe alterata o l'ascolto disturbato... anche in questo caso, la comunicazione risulterebbe compromessa.

Nel Sistema Psicodinamico accade qualcosa di molto simile, per questo dico che ci sono due sistemi, emotivo e logico, complementari, ciascuno con la propria funzione, ma orientati verso un obiettivo comune: preservare e mantenere il tuo equilibrio interiore e favorire il tuo benessere psicologico.

Questo equilibrio è regolato da leggi interne, antiche, naturali, spesso inconsce; leggi che, se impari ad ascoltare e rispettare, possono rendere la tua esperienza di vita più armoniosa, leggera, piena di energia e vitalità. Ma la verità è che queste leggi, il più delle volte, le ignori, le infrangi continuamente, perché non le conosci o non le riconosci come "tue".

Eppure, la prima di queste leggi riguarda proprio il rapporto tra Conscio e Inconscio.

Ricordi l'immagine dell'iceberg?

Solo una piccola parte, circa il 10-20%, emerge dalla superficie dell'acqua: è la parte conscia, è ciò di cui sei consapevole, ciò che pensi, decidi e controlli; ma la parte sommersa, quel gigantesco 80-90%, rappresenta l'Inconscio, la parte di te che contiene emozioni, memorie, impulsi, immagini, bisogni ancora inespressi o non riconosciuti. Comprendi cosa significa questo?

Significa che la maggior parte di ciò che ti guida, che orienta le tue scelte, regola le tue relazioni e influenza il tuo stato d'animo non proviene dalla tua parte razionale, dal controllo e da ciò che pensi di conoscere di te, ma da una dimensione invisibile e potente che agisce dentro di te, continuamente, e a cui raramente dai ascolto.

E a questo punto potresti chiederti: *Allora dovrei lasciarmi guidare solo dalle emozioni?*

La mia risposta è: non esattamente.

Nel tuo Inconscio non si trovano solo le emozioni. É una terra ampia e complessa dove convivono sensazioni sottili, percezioni appena accennate, intuizioni improvvise, pensieri non ancora elaborati, comprensioni immediate. È lì che dimorano forze creatrici e guaritrici, intuizioni profonde, scintille dell'invenzione, presentimenti, talenti che ancora non conosci, qualità che non sai di possedere. Tutto questo agisce al di là del controllo razionale e con un'energia spesso molto più potente di quella che puoi generare con i pensieri coscienti.

Tu puoi accedere a queste straordinarie risorse quando la tua mente è in equilibrio, le emozioni riconosciute e i tuoi bisogni interiori soddisfatti.

Il problema nasce quando questo equilibrio si spezza.

Se lasci che la tua parte conscia prenda il sopravvento, occupando quasi interamente il tuo spazio vitale (ad esempio, l'80-90%), e ti affidi solo alla logica, ai giudizi, alle analisi mentali, ai sentimenti che già conosci, il tuo sistema psichico s'irrigidisce. Diventi iper-razionale, dominato dal controllo, dalle regole e dal limite; non ascolti più il tuo corpo, né le tue intuizioni e inizi a vivere ogni esperienza in modo trattenuto, contenuto, soffocato e svuotato della vitalità e passione.

Al contrario, se ti lasci dominare unicamente dalle emozioni e dai desideri, forse vivi una vita intensa, ricca di sensazioni e passione, ma

rischi di perdere la direzione, il contenimento, la capacità di costruire, radicarti, dare senso e forma al tuo cammino.
In entrambi i casi, si disarmonizza il funzionamento psichico.
Affidarsi solo alla parte cosciente per governare la propria vita è come pretendere di spostare un iceberg toccandone solo la punta visibile: è un'illusione, una strategia destinata a fallire.
Significa vivere un'esistenza limitata, prevedibile, fatta di abitudini, routine, condizionata da pensieri già noti, emozioni già sperimentate, ricordi, convinzioni, giudizi e pregiudizi, educazione. Quando ti muovi solo entro i confini della mente conscia, diventa difficile ascoltare i tuoi bisogni più profondi; i sogni vengono messi a tacere, le intuizioni ignorate, le visioni interiori trascurate. In questa condizione, la mente razionale non riesce più ad attingere alle potenzialità creative, intuitive e rigenerative dell'Inconscio e finisce per inaridirsi, impoverirsi, limitarsi. La tua energia vitale smette di fluire e tu ti ritrovi senza carburante, proprio come accade ad un'auto senza benzina o un ingranaggio bloccato per la mancanza d'olio.
E allora, la vera domanda è: perché lo fai?
Perché lasci che la tua "auto" resti senza carburante?
Perché permetti che la tua vitalità si spenga?
Perché scegli di vivere una vita che continua a riproporti la stessa situazione di sempre?
Quando pongo queste domande durante i miei seminari, le risposte che ricevo sono lucide e razionali. Parlano di educazione rigida, di condizionamenti familiari o culturali, ignoranza nel senso di "non sapere", abitudini radicate, contesti chiusi. Tutto vero, ma la risposta più profonda, quella che va dritta al cuore, è un'altra: la paura.
Paura di cosa?

Di soffrire.

Perché in passato hai provato emozioni così intense da sentirti destabilizzato. Hai seguito le tue intuizioni, ma non sei riuscito a realizzarle; hai creduto nei tuoi sogni e ne sei uscito ferito; hai lasciato che i tuoi sentimenti si esprimessero liberamente, hai osato rompere gli schemi, e ti sei sentito mancare la terra sotto i piedi. Forse è accaduto dopo una relazione che si è rivelata una delusione oppure dopo un tradimento che non ti aspettavi o, ancora, dopo un fallimento lavorativo o una perdita difficile da elaborare.

E allora, magari senza nemmeno accorgertene, hai fatto una scelta. Hai deciso che non ti saresti più innamorato né fidato, che non ti saresti più lasciato andare, aperto o confidato. Hai detto a te stesso che "non ci saresti più ricaduto", che le emozioni erano pericolose e che era meglio tenerle a distanza. Hai indossato una corazza per non soffrire più.

In un certo senso, questa strategia ha funzionato. Ti sei sentito più protetto e più al sicuro.

Ma adesso lascia che ti chieda una cosa: ti senti davvero meglio?

Forse all'inizio hai provato sollievo, perché le ferite hanno bisogno di tempo, cura e protezione. Ma, col passare del tempo, continuando a difenderti senza cambiare nulla nella tua vita, il prezzo di quella protezione può diventare più alto del dolore che volevi evitare.

Quando rinunci alle tue emozioni, ai tuoi sogni, alle intuizioni, alle percezioni profonde, alla tua energia creativa, quando smetti di ascoltare la voce del tuo cuore, stai rinunciando a una parte essenziale di te stesso.

E lascia che te lo dica chiaramente: non ti sto giudicando e, soprattutto, non ti sto chiedendo di cambiare il tuo modo di vivere, senza prima darti gli strumenti per farlo. Sarebbe irresponsabile e ingiusto. Sarebbe come chiederti di toglierti l'armatura nel bel mezzo di una battaglia, senza averti prima messo al sicuro e dato nuove armi per affrontarla.

Io non sottovaluto mai la paura, e neanche tu dovresti farlo. La paura è un'antica alleata che ti ha salvato più volte dal pericolo e ti ha protetto quando eri più vulnerabile. È una forza primordiale che ha garantito la sopravvivenza della nostra specie. La sua funzione è chiara: ci segnala il pericolo e ci prepara a reagire.

Il punto cruciale non è la paura in sé, ma **cosa percepisci come minaccioso** e, soprattutto, cosa accade quando la minaccia non è più reale, ma appresa.

Di fronte a un pericolo reale, come un serpente sul tuo sentiero o una persona palesemente furiosa che intende aggredirti, il cervello attiva risposte automatiche di attacco o fuga, codificate nel nostro DNA. In situazioni del genere, il corpo sa esattamente cosa fare. Ma oggi, la maggior parte delle tue paure non nasce da minacce fisiche o pericoli diretti. Le minacce che ti bloccano sono più sottili, più emotive e complesse, come la paura di essere giudicato, la paura di fallire, non essere amato, cambiare, essere abbandonato. Queste non sono paure innate, ma apprese nel tempo, a causa di esperienze precoci, messaggi familiari e culturali, eventi traumatici, eppure il cervello continua a reagire come se la tua stessa sopravvivenza fosse in pericolo, come se ogni errore potesse annientarti e ogni emozione distruggerti.

Molte delle paure che oggi ti condizionano non sono risposte a circostanze del presente, ma tracce di un vissuto passato e ancora attivo dentro di te, nonostante tu non ne sia pienamente consapevole.

Immagina di essere un bambino, in un pomeriggio d'estate.

Tua madre ti accompagna al parco. L'aria è calda, l'erba morbida sotto i piedi e tra i fiori noti una farfalla, leggera, colorata, danzante. Ti avvicini con meraviglia, spinto da quella curiosità spontanea che appartiene solo all'infanzia.

Ma all'improvviso tua madre grida: *Non toccarla!* ... senza spiegazioni, solo un tono allarmato ed eccessivo.

Ti blocchi. Il cuore batte più forte. Forse scoppi a piangere, confuso, senza capire bene cosa sia successo. In quel momento, qualcosa s'imprime dentro di te: un'associazione inconscia tra il gesto della scoperta e un segnale di pericolo. E quando ti capiterà di rivedere una farfalla, o qualsiasi cosa sia percepita da te come fragile, bella, sconosciuta, potresti sentire una tensione inspiegabile, un freno interno che ti spinge ad allontanarti.

Cos'è accaduto davvero?

La farfalla di per sé non rappresentava una minaccia, ma il grido improvviso di tua madre, intenso, non spiegato, sproporzionato, ha trasformato quel piccolo essere innocuo in simbolo di pericolo. E il tuo cervello ha fatto un'associazione:

farfalla = pericolo = paura

Come spiego anche nel mio corso di terzo livello, la psiche non distingue tra una minaccia reale e una appresa. Anche se non c'è un pericolo concreto, codifichi quell'esperienza come rilevante e fonte di paura, imprimendo una traccia emotiva che potrebbe riaffiorare anche molti anni dopo.

Ecco come nasce una paura appresa: non necessariamente da ciò che ti ferisce direttamente, ma da un'interpretazione; da ciò che qualcuno, spesso inconsapevolmente, ti ha insegnato a temere. Sono paure ereditate, trasmesse, insinuate, che si radicano nell'Inconscio come risposte emotive automatiche a esperienze non elaborate che continuano ad agire nel presente.

È così che, nel tempo, non ti allontani solo dalle farfalle, ma anche da tutto ciò che esse simbolicamente rappresentano: leggerezza, libertà, scoperta, curiosità, spontaneità, creatività, bellezza del momento presente. E impari, senza volerlo, a vivere con troppa prudenza, a trattenere i desideri, a bloccare gli istinti, a dubitare dell'intuito, come se il mondo fosse pieno di minacce invisibili… quando in realtà stai solo reagendo al ricordo di un "grido".

Allora ti chiedo: quale minaccia rappresenta per te la gioia?

E soprattutto, non sei stanco di vivere costantemente in modalità difensiva?

Non importa che tu sia uomo o donna. Quando scegli, anche inconsapevolmente, di rinunciare alle emozioni, per quanto legittima possa essere la tua paura, stai comunque compiendo una scelta ben precisa. Scegli di chiuderti, vivere solo con la testa e non con il cuore, attaccare prima di essere ferito, parlare per riempire il silenzio, invece di ascoltare davvero. Scegli di vivere secondo schemi rigidi e regole ferree, anziché lasciarti guidare dall'intuizione.

Qual è il prezzo di tutto questo?

La freddezza che s'insinua dentro, l'aridità, la severità, la rigidità con te stesso, prima ancora che con gli altri. E ciò che perdi, quasi senza accorgertene, sono la leggerezza, la spontaneità, la vitalità.

Come ho detto prima, l'ambito in cui questa difesa si manifesta con più forza è l'amore. Se sei stato deluso, tradito o ferito, è probabile che oggi tu sia diventato meno tollerante, meno disponibile, più diffidente e più controllato. Hai alzato uno scudo; hai chiuso il cuore in uno scrigno, convinto che lì sarebbe rimasto al sicuro. Forse ti sei sentito anche ingenuo per aver creduto a chi diceva di amarti, per esserti fidato, per aver amato. E allora ti sei ripromesso di non ricadere più negli stessi errori...

Ti suonano familiari queste parole?

Credi di proteggerti e, forse sì, all'inizio ti senti più forte, più lucido, realmente più protetto, ma con il tempo... quella che sembrava forza diventa durezza, la lucidità si trasforma in rigidità, e la gioia, la serenità, la spontaneità diventano un lontano ricordo...

Assieme all'amore, inizi a perdere anche te stesso.

Vale la pena vivere così?

Pensi davvero di meritare una vita vissuta a metà?

Credi che quel muro impenetrabile attirerà amore? O solo altra distanza?

E se proprio oggi incontrassi qualcuno venuto per sciogliere quel ghiaccio? Per aprire quello scrigno?

Potresti perderlo, e con lui, perdere l'occasione di guarire.

Lo so, è più facile scappare.

Ed io, come ho detto, ho un profondo rispetto per la paura, il dolore, la resistenza. É un rispetto che nasce non solo dal mio lavoro, ma anche dalla mia storia personale.

È per questo che ho scelto di condividere con te una parte di me. Perché ciò che ti sto offrendo in queste pagine non è solo frutto di studi, specializzazioni, ricerche, anni di lavoro terapeutico, ma nasce anche da ciò che mi è accaduto quel giorno d'estate di tanti anni fa e, soprattutto, da una scelta. Ho scelto di non restare prigioniero della paura, bloccato nel dolore o nella tentazione d'incolpare qualcuno o qualcosa per quello che mi era successo.

Ho scelto la libertà.

Ho scelto l'amore.

Ho scelto la vita.

Ho scelto me stesso.

E sai cosa è successo?

La libertà, l'amore, la vita sono arrivate davvero.

Ma non sarebbe stato possibile senza strumenti, senza guida, senza l'aiuto di mentori, senza un percorso. Ed è esattamente questo che vorrei offrirti con questo libro: una mappa, un passaggio, un modo per iniziare il tuo viaggio. Perché, senza una scelta consapevole, da cui tutto inizia, rischi di restare fermo, bloccare il flusso vitale dell'Inconscio, inibire la tua capacità di creare, sentire, trasformare.

La sofferenza può placarsi per un po', ma il disequilibrio emotivo, se non agisci, resta sotto la superficie finché un giorno ti ritrovi in mezzo alla strada, fermo, senza benzina, chiedendoti con smarrimento: *E adesso... come torno a casa?*

Ecco, io sono qui per questo.

Per aiutarti a tornare a casa.

A Te stesso.

Quando il disagio bussa alla porta

A volte il disagio arriva silenziosamente, quasi in punta di piedi. Non sempre si presenta con clamore, sintomi evidenti o un nome preciso, piuttosto s'insinua nella quotidianità sotto forma di stanchezza inspiegabile, costante irritazione, preoccupazione crescente, un senso di vuoto che non sai descrivere. É come se qualcosa, dentro di te, iniziasse lentamente a cambiare direzione, rallentare, deviare dal solito percorso, senza che tu riesca davvero a capire il perché.

Spesso è il corpo a tradurre in un linguaggio fisico ciò che la psiche non riesce a esprimere con le parole e tu, inconsapevolmente, potresti iniziare a convivere con mal di schiena ricorrenti, cefalee persistenti, dolori articolari, tensioni muscolari, disturbi gastrointestinali come gastrite, bruciori di stomaco, difficoltà nella digestione, colon irritabile, gonfiore o crampi addominali, stitichezza, nausea, o anche con un senso di oppressione al petto, squilibri ormonali... per non parlare di reazioni allergiche, intolleranze alimentari, dermatiti, ipertensione, asma, etc.

Eppure, il corpo non mente. É il teatro delle tue ferite emotive, dei bisogni ignorati, delle parole mai dette, delle scelte non fatte, e ogni sintomo porta con sé il messaggio chiaro che c'è qualcosa in te che sta chiedendo attenzione, ascolto e cura.

E se leggendo queste righe hai avvertito un nodo alla gola, un piccolo tremore interiore, un respiro che si è interrotto per un attimo... non ignorarlo. Potrebbe essere proprio quella parte di te che da tempo aspetta di essere ascoltata.

Nel mio lavoro clinico mi confronto quotidianamente con problematiche complesse, che vanno ben oltre un semplice "sentirsi giù" o "essere un po' agitati". Si tratta di disturbi che compromettono profondamente la qualità della vita e che portano con sé storie dense di paura, vergogna, sensi di colpa, bisogno di controllo e, frequentemente, di amore inascoltato o negato.

Con i miei pazienti, affronto difficoltà che toccano i diversi livelli dell'esperienza umana, come quella emotiva, corporea, relazionale, identitaria, tra cui:

- **disturbi del sonno**, spesso legati a stati di iperattivazione emotiva o mentale che impediscono un vero riposo;
- **disturbi dell'umore**, come la depressione o le oscillazioni affettive che lasciano esausti e disorientati;
- **disturbi d'ansia**, come l'ansia generalizzata, gli attacchi di panico o le fobie che possono limitare fortemente la libertà quotidiana;
- **disturbi da stress e trauma**, in cui il sistema nervoso rimane bloccato in uno stato di allerta, come se il pericolo non fosse mai passato;
- **disturbi del comportamento alimentare**, come anoressia, bulimia, binge eating, spesso espressione di conflitti interiori legati all'identità, al valore personale e al controllo emotivo;
- **disturbi di personalità**, come quelli di tipo borderline, narcisistico o ossessivo che influenzano profondamente il modo di vivere le relazioni e di percepire sé stessi;
- **disturbi somatici**, come l'ipocondria dove l'ansia si cristallizza nel corpo.

In questo lavoro, il mio compito di terapeuta non è semplicemente quello di etichettare un disagio con una diagnosi, ma piuttosto di comprendere, accogliere, creare uno spazio sicuro in cui il paziente possa finalmente dare voce a ciò che è rimasto bloccato o inascoltato.

Il mio ruolo è facilitare lo sblocco emotivo, aiutare a ricostruire un senso, e accompagnare, con delicatezza e rispetto, il processo di trasformazione. D'altra parte, i disagi psicologici non si manifestano solo dentro di te, ma si riflettono in ogni aspetto della tua quotidianità, nel modo in cui comunichi, reagisci, ami, lavori, ti difendi.

Pensaci un momento.

Quante volte ti sei sentito bloccato di fronte a un'emozione intensa?
Quante volte hai vissuto incomprensioni profonde con il partner, con un genitore, un figlio, o un superiore?
Quante volte la rabbia è esplosa o, peggio, è rimasta compressa dentro di te di fronte a un rifiuto, un divieto o un'ingiustizia?
Quante volte ti sei sentito solo, apatico o, all'opposto, immerso in un'attività frenetica e compulsiva?
Queste situazioni, pur sembrandoti "normali" o comuni, sono spesso la punta dell'iceberg di dinamiche emotive disfunzionali che meritano di essere viste, comprese e trasformate.
Per questo motivo, nelle pagine che seguono, ti presenterò alcuni casi clinici reali, ovviamente resi anonimi nel rispetto della privacy, tratti dalla mia esperienza terapeutica. Sono storie diverse tra loro, che toccano nodi problematici emotivi, relazionali, professionali e ho deciso di raccontarle in modo discorsivo e accessibile a tutti non solo per informare, ma per continuare ad accompagnarti in questo percorso di consapevolezza... affinché tu possa dare un senso a ciò che ti è accaduto, o che ancora oggi ti accade, e sentire la spinta interiore ad agire prima che la paura diventi angoscia o fobia, o che l'ansia si trasformi in attacchi di panico.
Perché il disagio, quando bussa alla porta, non è lì per punirti, ma per risvegliarti.

Carla e i suoi attacchi di panico

Era un pomeriggio luminoso di maggio quando, nel mio studio, arrivò una giovane donna di trentacinque anni. La chiamerò Carla.

Lavorava come commessa in un negozio di abbigliamento. Di lei ricordo il modo di vestire, decisamente eccentrico. Indossava scarpe simili a pantofole, quasi a voler proteggere i suoi passi da un mondo che sembrava troppo duro per lei.

Fin dal primo momento era apparsa agitata. Respirava a fatica, in modo irregolare, alternando fasi di iperventilazione a brevi apnee. Mi raccontò che quelle crisi erano ormai quotidiane.

Era arrivata a me su suggerimento della cognata, che mi aveva sentito parlare in una delle mie numerose conferenze. Aveva deciso d'intraprendere un percorso perché sentiva che la sua vita non era più sostenibile. Mi parlò di attacchi di panico improvvisi e devastanti, con palpitazioni, vertigini, sudorazione eccessiva, tremori, senso di soffocamento e fitte al petto e all'addome. In quei momenti, la paura la travolgeva, temeva di perdere il controllo, impazzire o morire. Eppure, non sapeva darsi alcuna spiegazione razionale: i sintomi arrivavano senza preavviso, senza un motivo apparente. Nulla sembrava anticiparli né giustificarli.

Il solo pensiero di trovarsi in luoghi chiusi o di non poter scappare nel caso in cui avesse cominciato a sentirsi male, le provocava ansia. Era come vivere costantemente in stato d'allerta, come se il pericolo potesse esplodere ovunque e in qualsiasi momento. Che fosse sola in casa o immersa nella folla, il suo corpo e la sua mente reagivano con panico.

La sua vita non era più la stessa: non riusciva più a lavorare come prima, non riusciva più a stare da sola, non guidava più, evitava le uscite con gli amici e aveva messo da parte i suoi interessi. Non si sentiva più padrona della sua vita.

Il quadro clinico evidenziava un disturbo da attacchi di panico.

Durante il primo colloquio psicodiagnostico, iniziai con Carla un'esplorazione delle sue aree di vulnerabilità, aprendo delicatamente alcune finestre sulla sua storia personale. L'obiettivo non era soltanto quello di raccogliere informazioni, ma di entrare in contatto con le dinamiche profonde che davano forma al suo disagio. Per farlo seguii il mio protocollo clinico e ci concentrammo su dieci aree fondamentali, che mi avrebbero permesso di costruire un quadro più completo del suo funzionamento psichico e relazionale:

Rapporto con le figure genitoriali: le chiesi di raccontarmi come percepiva il legame con i suoi genitori, o altre figure significative, e cosa rappresentassero simbolicamente per lei suo padre e sua madre.

Relazione con il partner e i figli: era essenziale comprendere le dinamiche familiari e di coppia, e cogliere eventuali attivazioni inconsce, richiami affettivi irrisolti, proiezioni o ripetizioni di modelli relazionali interiorizzati.

Sfera affettiva: esplorammo quanto si sentisse appagata affettivamente per iniziare a indagare le sue aspettative, ma anche le fratture emotive che potevano celarsi nel divario tra ciò che "dava" e ciò che "riceveva".

Sfera sessuale: come specchio del rapporto con il proprio corpo, l'intimità e la capacità di accedere al desiderio e all'appagamento.

Sfera professionale: interessante per comprendere non solo il suo ruolo lavorativo, ma anche quanto si sentisse realizzata o frustrata, quali dinamiche di potere vivesse e quanto il lavoro fosse parte integrante del suo senso d'identità sociale.

Sfera desiderativa: quella parte più profonda e vitale che chiamo, da sempre, *Lampada di Aladino* che riguarda i sogni, le aspirazioni, i "vorrei" che troppo spesso vengono sacrificati per paura o per senso del dovere.

Sfera proiettiva: attraverso domande apparentemente semplici, come "Qual è la cosa che non faresti mai nella vita?" e che permette di esplorare il funzionamento morale e difensivo, potenziali aree di conflitto o rimozione, la coerenza interna tra un Sé ideale e un Sé reale.
Sfera psicosomatica: indispensabile per cogliere come e dove il corpo traduce in sintomi ciò che la mente ancora non riesce a elaborare.
Tipologia di personalità: analizzata secondo i parametri del modello della Psicologia Subliminale, utile per comprendere i codici del suo funzionamento interiore, le sue strategie adattive e le sue zone d'ombra.
Non entrerò qui nel dettaglio di tutti gli aspetti che, naturalmente, approfondisco in terapia. Tuttavia, fin dal primo colloquio, emerse una configurazione di personalità che, come vedremo nel capitolo successivo, riconduceva a un profilo ben delineato e che nella mia pratica definisco *Ego-femmina stimolata dall'asta*. Si tratta di una struttura psichica caratterizzata da una costante tensione interna tra dipendenza affettiva e bisogno di controllo relazionale, tra desiderio di autonomia e necessità di sostegno, tra desiderio di libertà e fame di sicurezza emotiva.
Già dal primo incontro si era creato con Carla un legame di fiducia, condizione imprescindibile per qualsiasi processo trasformativo. Quella fiducia le aveva permesso di abbassare le difese, guardarsi dentro con sincerità e intravvedere l'origine nascosta del suo turbamento.
Negli incontri successivi, il nostro lavoro si mosse su più livelli, con l'obiettivo di liberare il silos del suo Inconscio da tensioni, conflitti e condizionamenti che lo saturavano.
L'accompagnai in un viaggio a ritroso nel tempo, dove poté entrare in contatto con emozioni antiche, esperienze dimenticate, sensazioni corporee che, per la prima volta, venivano riconosciute e accolte.

In particolare, durante le sedute, emersero due ricordi emblematici del suo blocco interiore che, nel tempo, aveva generato terreno fertile per gli attacchi di panico.

Il primo episodio risaliva ai suoi quattro anni, quando le dissero che non avrebbe più potuto vedere la nonna materna... senza altre spiegazioni! Per Carla fu come uno strappo al cuore e, per lungo tempo, fu tormentata dall'idea di essere stata abbandonata da quella che considerava una seconda mamma. Nella sua ingenuità di bambina, e senza ricevere altri chiarimenti dagli adulti, magari nel tentativo di proteggerla dalla sofferenza, Carla arrivò a credere che la nonna fosse andata via per colpa sua, vivendo con il peso dell'angoscia di essere stata abbandonata perché era "cattiva".

Solo qualche anno dopo scoprì che la nonna era venuta a mancare... ma il "file" emotivo dell'abbandono, ormai, si era depositato nel silos del suo Inconscio.

Il secondo ricordo che emerse spontaneamente era risalente all'età di cinque anni quando, dopo un trasloco, Carla non riuscì più a trovare la sua bambola preferita. Si disperò ed era arrabbiata con sé stessa e con i suoi genitori, certa di aver fatto qualcosa di sbagliato per cui l'avessero punita privandola del suo oggetto più caro. Anche in questo caso, l'esperienza si trasformò in un vissuto di abbandono e rafforzò la convinzione di dover tenere sempre tutto sotto controllo (comportarsi bene, dire la cosa giusta, non commettere errori agli occhi degli altri) per farsi voler bene e non perdere ciò a cui teneva di più.

Due episodi simbolici, dunque, che raccontavano le sue ferite emotive: il dolore della perdita e la paura costante di non essere abbastanza. È stato proprio in quel riconoscimento simbolico che si realizzò un passaggio cruciale: portare alla luce il ponte invisibile tra il dolore del passato e l'ansia del presente, permettendo alla sua psiche di riorganizzarsi.

Non si trattò solo di "capire" razionalmente, ma di "percepire" che il sintomo aveva una radice nel corpo e nell'Inconscio, e che quella radice poteva essere vista, ascoltata e trasformata.

Facendo riaffiorare le emozioni del passato e rielaborando le perdite affettive che l'avevano imprigionata in un loop fatto di controllo, paura, ansia e disistima, Carla poté finalmente liberarsi dal peso di emozioni represse, rimaste per anni cristallizzate nel suo Inconscio.

Iniziò a percepire, con sempre maggiore chiarezza, lo svuotamento interiore e a provare la sensazione di leggerezza derivante dalla creazione di uno spazio interno più ampio, più fluido e finalmente respirabile.

Le crisi di panico, che prima si presentavano in modo improvviso e destabilizzante, persero gradualmente la loro intensità fino a scomparire del tutto. La sua mente, invece, non percepiva più determinati stimoli come minacce e il suo sistema nervoso, non più in allerta costante, trovò finalmente riposo.

Questa nuova condizione permise a Carla di aprirsi a nuove sensazioni di fiducia, stabilità e amore per sé stessa, scoprendo di poter vivere senza dover sempre controllare tutto o elemosinare affetto e attenzione. Iniziò, pertanto, a concedersi la libertà di esistere al di là delle aspettative altrui.

È stato fondamentale per Carla liberare il suo Sistema Inconscio da blocchi emotivi, perché ha permesso di abbassare i livelli di tensione emotiva e attivare progressivamente quelle leve emotive capaci di interrompere i loop ricorrenti, sganciare i condizionamenti negativi, rompere gli incastri interiori, restituire nuovo equilibrio e stabilità al suo sistema psicofisico.

Arianna era intrappolata nella depressione

Nel mio studio arrivò una donna di cinquanta anni, che chiamerò Arianna, di statura media, un po' sottopeso, dall'aspetto molto curato e dai modi estremamente educati e rispettosi. Aveva delicati lineamenti del viso, capelli biondi tagliati corti e un'eleganza sobria. Ciò che mi colpì immediatamente era il forte contrasto rispetto al marito che l'aveva accompagnata. Alto, robusto, con lunghi capelli scuri e un atteggiamento imponente. Incarnava una figura protettiva, ma anche pervasiva, al limite dell'ingombrante. Mi diede l'impressione di voler "mangiare" chiunque si avvicinasse alla moglie, volendola tenere tutta per sé.

Non era stata lei a chiedere l'incontro. Arianna mi confessò che era lì solo perché il marito, stanco di vederla depressa, l'aveva minacciata di lasciarla se non avesse accettato l'aiuto di un professionista.

Una motivazione esterna non sempre lascia ben sperare sull'esito positivo di una terapia, ma decisi di accogliere comunque la sua richiesta perché la depressione non è un semplice cambiamento dell'umore, ma una frattura esistenziale, una perdita di contatto con il significato e il senso della propria vita, e va affrontata e risolta.

Così, iniziammo con il colloquio psicodiagnostico.

Come per altri pazienti, condussi l'analisi delle dieci aree principali previste dal mio protocollo clinico.

Nel caso di Arianna emersero: una relazione profondamente conflittuale con la madre, un legame affettivo privo di gratificazione emotiva, un'esperienza sessuale insoddisfacente, un distacco dalle relazioni sociali.

Sulla base del mio modello teorico, avevo riconosciuto in lei una tipologia di personalità *Ego-maschio stimolata dall'asta* che, come vedremo nelle pagine successive, si è sviluppata in risposta a triangolazioni affettive vissute durante l'infanzia e l'adolescenza. Si trattava di situazioni in cui l'amore, la protezione e l'attenzione sono stati vissuti in modo ambiguo, competitivo o instabile, come accade, ad esempio, quando il bambino si trova "in mezzo" tra due figure affettive in conflitto: l'identità si struttura intorno al bisogno di essere riconosciuti, preferiti, scelti, e una costante paura del rifiuto e dell'abbandono.

Stabilito un iniziale rapporto empatico, Arianna iniziò a raccontarsi con onestà, rivelando sentimenti profondi d'impotenza, solitudine e fragilità. Si dimostrò abbastanza consapevole del proprio malessere interiore, ma non riusciva a comprenderne l'origine e, soprattutto, a intravedere una via d'uscita.

Con gran sorpresa del marito, al termine del primo colloquio, Arianna accettò di farsi aiutare. Così, insieme programmammo un ciclo di incontri di psicoterapia, necessari per approfondire diverse tematiche e rimuovere i sassolini sedimentati nel suo Inconscio. Ogni sassolino rappresentava un'emozione trattenuta, una ferita non elaborata, un conflitto irrisolto, un pensiero rimasto inascoltato o parole mai dette, che soffocavano il respiro di Arianna e ne spegnevano la vitalità.

Negli incontri che seguirono, dunque, l'accompagnai in una fase di esplorazione guidata, che le permise di accedere a ricordi di eventi significativi del passato.

Riporto qui due ricordi che segnarono simbolicamente l'inizio di un profondo cambiamento nello sviluppo armonico della personalità di Arianna.

Il primo riguardava il rapporto diretto madre-figlia e la modalità con cui la madre si era relazionata con Arianna. Il secondo, invece, si collegava alla relazione tra madre e padre, ovvero al modo in cui la madre si rapportava con il marito (padre di Arianna) e, quindi, indirettamente anche con lei.

Nel primo ricordo, riaffiorarono alla mente di Arianna molti degli episodi in cui la madre, pur essendo fisicamente presente nella sua vita, era stata eccessivamente passiva: appariva sempre disinteressata e distante, non riusciva a esprimere calore, incoraggiamento o riconoscimento, evitava di prendere posizione e intervenire nei momenti critici, non poneva regole chiare, non era coinvolgente né propositiva nei confronti della figlia.

Crescere con una madre passiva portò Arianna a interiorizzare vissuti di insicurezza, instabilità, solitudine e assenza di guida e, parallelamente, a sviluppare sfiducia nel prossimo e tratti di iper-indipendenza. Si trovava, così, intrappolata in una condizione di stallo: da un lato sentiva la spinta inconscia ad agire da sola, non riuscendo a fidarsi degli altri, dall'altro sentiva intimamente il bisogno della loro approvazione per ottenere punti di riferimento e rassicurazione.

In un'altra seduta, emerse il ricordo vivido dell'atteggiamento recriminante e accusatorio che la madre rivolgeva al padre. Ogni occasione, in famiglia o davanti ad altre persone, diventava un pretesto per criticarlo, giudicarlo, sminuirlo, sia per ciò che faceva o non faceva, sia per ciò che diceva o non diceva. Leggendone l'incapacità di assolvere ai propri compiti, la madre mostrava costantemente un atteggiamento di disapprovazione e disdegno.

Arianna amava profondamente suo padre, ma non riusciva ad approvare la sua tolleranza, il suo silenzio, il suo spirito di sopportazione, il non reagire nei confronti della madre per difendere sé stesso e, in fondo, anche lei.

Il rivivere specifiche esperienze del passato permise ad Arianna di rielaborare quelle emozioni a lungo represse e soffocate, facendole prendere consapevolezza di come la sua contraddizione interna la tenesse imprigionata in una condizione psicofisica che svuotava di senso la sua esistenza e spegneva, a poco a poco, la sua volontà, i suoi bisogni e i suoi sogni.

D'altra parte, Arianna era spinta a circondarsi di persone presenti, stabili, sicure, quasi a voler tracciare dei confini virtuali capaci di proteggerla dalle critiche. Col tempo, però, quel cerchio protettivo, interiore ed esteriore, si era trasformato in una gabbia sempre più stretta e soffocante, che riduceva progressivamente il suo margine di libertà.

Suo marito e sua madre erano diventate presenze ingombranti nella sua vita, che non le consentivano di uscire dal suo stato depressivo, ma contribuivano a mantenere lo *status quo*, senza alcuna possibilità di cambiamento.

Anche in questo caso, il lavoro terapeutico operò su più livelli: rielaborare le emozioni represse per sbloccare e dare nuova energia al sistema psichico; riconoscere i meccanismi interiori e ristrutturare l'immagine di sé; rinforzare la fiducia e l'autostima; ridefinire i confini relazionali imparando a distinguere i propri bisogni da quelli altrui e a stabilire limiti più sani con le figure significative; recuperare la capacità di desiderare, sognare, porsi obiettivi, sostenendo la spinta vitale che la depressione aveva soffocato.

In sintesi, la terapia aiutò Arianna a liberarsi dallo stallo, resettando il suo Inconscio da vecchi schemi del passato, e a restituirle la possibilità di sentire, scegliere, agire in modo più autonomo e indipendente e vivere relazioni più equilibrate e sane, a partire da quella più importante con sé stessa.

Lo sblocco emotivo

Arrivati fin qui, avrai compreso che, secondo il mio approccio della *Psicologia Subliminale*, il malessere di una persona affonda le sue radici in una condizione di blocco emotivo e, quindi, di ***pieno emozionale***.
Immagina un fiume che scorre libero, seguendo il suo corso naturale. A un certo punto, qualcosa lo interrompe: un ingorgo di detriti, una frana o una diga... l'acqua continua a premere, ma non trova più la via per proseguire e il flusso si blocca. La potenza irrefrenabile dell'acqua inizia a concentrare tutta la sua forza nel punto esatto in cui incontra l'ostacolo. Più il flusso viene bloccato, più l'energia si accumula e sarà proprio quella spinta, quella forza, a rimuovere l'ostacolo, aggirarlo o abbatterlo, affinché l'acqua possa tornare a scorrere fluidamente.
La psiche funziona nello stesso modo. Quando un conflitto, un trauma, o un condizionamento, non viene riconosciuto e, quindi, non trova espressione nella consapevolezza, significa che non sai che quella precisa esperienza ha lasciato in te un segno così profondo da restare impresso nell'Inconscio; significa che non sei consapevole che certe tue abitudini non sono tue, ma dipendono dal contesto in cui sei cresciuto; non ti rendi conto che i condizionamenti che ti influenzano sono appresi; non sai che quel trauma rimosso è ancora vivo in te, che quell'abbandono, quel tradimento, quella delusione, quel dolore che pensi di aver superato, sono rimasti sepolti nel tuo Inconscio e continuano a influenzare il tuo presente sotto forma di reazioni, limiti, vergogne,

sensi di colpa, rabbie, paure, ansie. Ciò che cerchi di nascondere, dimenticare o superare senza averlo elaborato consapevolmente, si deposita nell'Inconscio. All'inizio è solo un sassolino sul fondo; poi se ne aggiungono altri.

Come hai visto, col tempo, quell'accumulo di sassolini diventa un peso che blocca il sistema psichico, spingendolo a concentrarsi sullo stesso punto, come un disco rotto, ovvero arginare o abbattere quel blocco emotivo. Il segnale di questa concentrazione di energie è davanti ai tuoi occhi: reazioni che si ripetono, pensieri continui e negativi, emozioni disturbate da uno stato d'animo perennemente alterato, scelte che sembrano inevitabili.

Se non interrompi il ciclo, ponendo attenzione alle tue abitudini errate, al perché reagisci, pensi e senti in un certo modo, il blocco emotivo diviene talmente grande da costringere la psiche a convogliare tutte le sue risorse su quel nodo psichico (accumulo di sassolini). Quando non trova altra via di sfogo, si esprime attraverso sintomi psicologici, come ansia, paura, irrequietezza... e se la psiche è forte, quei sintomi si manifestano anche sul corpo, trasformandosi in disturbi psicosomatici o fisici, come abbiamo visto.

Ti ho spiegato che il blocco emotivo è una sorta di frattura tra due mondi: quello che vivi ogni giorno e quello che, nel profondo, avresti voluto vivere; è la distanza tra la vita così come la vivi e quella immaginata, desiderata, sognata. Più questa distanza cresce, più ti allontani da te stesso e dal tuo progetto di vita, fino a provare un senso di estraneità verso la tua stessa esistenza.

E lo sblocco emotivo?

Per spiegartelo, voglio accompagnarti dentro un'altra scena.

Immagina una cantina buia, con ragnatele e polvere, piena di oggetti che non usi ormai da anni, al punto da non ricordare nemmeno cosa ci sia lì dentro. Provi ad entrare, ma c'è così tanta roba ammassata che la porta non si apre. In queste condizioni, non puoi utilizzare la cantina e le cose che contiene sicuramente non ti servono più, se sono lì da tempo.

Cosa faresti?

Arriverà il giorno in cui senti che non puoi più rimandare e prenderai una decisione: svuotare la cantina!

La scelta è il tuo primo passo, la tua chiave d'accesso: finché non la compi davvero, nulla di diverso può accadere.

Il tuo secondo passo è procurarti gli strumenti giusti e persone esperte, affinché tu possa liberare la cantina da tutto ciò che è inutile e ingombrante.

Con il giusto supporto e l'attrezzatura giusta, riesci ad aprire la porta; entri e inizi a spostare oggetti; uno alla volta, li porti fuori e pian piano la cantina viene svuotata e liberata.

Il tuo terzo passo è pulire la cantina: lavi, arieggi, fai entrare luce e ridipingi le pareti.

Alla fine del lavoro, osservi il risultato e ti sorprendi nell'ammirare uno spazio "nuovo": una cantina libera, spaziosa, pulita e ordinata... sorridi, fai un bel respiro e, senza neanche accorgertene, inizi già a immaginare come poterla utilizzare al meglio.

Così funziona lo sblocco emotivo.

Tutto inizia con una scelta: il desiderio di cambiare e l'azione si fondono in un unico atto di volontà. Sarà proprio questo atto di volontà a motivarti quando emergeranno dei dubbi, sostenerti nei momenti di difficoltà, lottare per superare imprevisti e ostacoli.

La decisione ti spingerà a trovare il professionista e gli strumenti giusti per te. Potrai, così, essere sostenuto nel liberare la tua cantina, ovvero, disporre del supporto necessario per riconoscere i tuoi pesi emotivi e decomprimere, svuotare, alleggerire il silos del tuo Inconscio.

Lo sblocco emotivo riporta in asse il sistema psichico e ripristina il riequilibrio tra Conscio e Inconscio.

Il passaggio successivo nasce spontaneo: è la fase rigenerante in cui l'Inconscio, liberato e riordinato, si ricarica di energia vitale. Infatti, accade naturalmente che cambi il tuo atteggiamento mentale e comportamentale e inizi a fare le cose giuste per te, nutrendoti e rigenerandoti di emozioni "positive". Così, ti ritrovi a percepire una maggiore connessione con il tuo battito più profondo e puoi attingere alle risorse creatrici e guaritrici presenti nel tuo Inconscio.

Con l'esperienza, il contatto si farà sempre più rapido e profondo e inizierai a sentire che le tue percezioni, intuizioni e scelte non sono dettate solo dalla mente e neanche solo dal cuore, ma da entrambi, in una sorta di allineamento, di coerenza interna, di armonia, che ti guiderà verso la rotta giusta per te.

Dal punto di vista professionale, lo sblocco emotivo può essere considerato uno strumento efficace per sostenere le persone nel superare difficoltà psicologiche e/o psicosomatiche e nell'attivare quei processi di cura e autoguarigione che appartengono naturalmente all'essere umano. Non si tratta solo di "stare meglio", ma di eliminare i ristagni che generano sintomi e disagi e di riattivare un movimento interiore di rinascita.

La vera sfida sta nel riconoscere che il tuo attuale stile di vita non è il frutto di scelte pienamente consapevoli, più frequentemente è il risultato di un adattamento progressivo all'ambiente in cui sei cresciuto,

al rapporto con le tue figure di riferimento, alle abitudini della tua famiglia, all'educazione, ai valori, alle aspettative che avevano riposto in te, al desiderio di realizzare sogni rimasti incompiuti, alle emozioni non espresse, alle parole non dette.
All'atto pratico solo apparentemente la tua vita funziona, ma in realtà non ti nutre interiormente, generando una sensazione quasi impercettibile di estraneità a te stesso, come se vivessi la vita di qualcun altro.
Le passioni, da sole, non bastano a farti intravedere il tuo futuro; il "sono portato per" può essere un indizio, ma non è una condizione necessaria e sufficiente per scoprire il tuo destino; allo stesso modo, il "così fan tutti" è una zavorra, non una bussola verso la tua destinazione.
Per questo, il lavoro di sblocco emotivo richiede un ritorno alle origini, un viaggio verso il centro di te stesso, dove puoi incontrare la tua vera essenza e trovare le risposte che cerchi:
Chi sono davvero?
Come faccio a riconoscere la mia direzione naturale?
Ritornare al "proprio centro" significa anche integrare le parti di sé che sono state trascurate, represse o giudicate. L'approccio integrato, in questo senso, lavora sia sul piano emotivo e relazionale (per sbloccare il sistema inconscio, elaborare il passato e trasformare i propri modelli di riferimento), sia sul piano corporeo e somatico (per sciogliere tensioni e blocchi radicati nel corpo), sia su quello cognitivo (per ampliare la propria visione della vita e le possibilità di scelta).
Solo accrescendo la conoscenza di sé e impegnandosi nel riequilibrare il proprio sistema psichico, la vita smette di essere una reazione agli stimoli esterni e diventa una creazione consapevole: un percorso in cui la tua

energia vitale può esprimersi liberamente, generando salute, autenticità e significato.
Ho parlato di "approccio integrato" proprio perché la Psicologia Subliminale, in termini teorici, affonda le sue radici nella psicodinamica, ma si arricchisce di strumenti e prospettive provenienti da altri orientamenti psicologici e psicoterapeutici; al tempo stesso, essa abbraccia il paradigma bio-psico-sociale e la sua visione olistica che considera la salute psichica come il risultato dinamico dell'interazione tra fattori biologici, psicologici e sociali.
In questo contesto, è nata la *Psicologia Subliminal*e come cornice teorica in continua evoluzione che, da un lato, propone un modello tridimensionale della psiche e una specifica teoria della personalità, e dall'altro si configura come un metodo terapeutico mirato alla risoluzione di problematiche relazionali o disturbi psicologici e psicosomatici, partendo dall'analisi della personalità e lo sblocco del sistema inconscio.
Perché la definisco *subliminale*?
Proprio perché opera nei territori nascosti della psiche, dove i contenuti non sono del tutto inconsci, ma nemmeno pienamente accessibili alla coscienza. Il concetto di "subliminale" è chiaro già nell'etimologia latina delle parole *sub* (sotto) e *limen* (soglia): letteralmente, "sotto la soglia".
In ambito psicologico questo termine viene utilizzato per descrivere tutto ciò che si trova al di sotto della soglia della coscienza, come pensieri mai espressi, emozioni represse, traumi non elaborati, conflitti irrisolti, condizionamenti, in quella zona di confine tra ciò che possiamo percepire e ciò che, pur non affiorando alla consapevolezza, influenza profondamente la nostra quotidianità.

Ho concepito la Psicologia Subliminale dopo anni di osservazione clinica, studio delle dinamiche psichiche e del linguaggio simbolico e una ricerca incessante sul senso più profondo della vita. Il mio percorso, personale e professionale, mi ha permesso di esplorare diversi ambiti della psicologia, dalle teorie sulle tipologie e lo sviluppo della personalità al vissuto simbolico della relazione genitori-figli, dalle dinamiche affettive ai condizionamenti, fino alla programmazione e alla creatività dell'Inconscio. Ma non mi sono fermato qui, come ti ho già raccontato, ho voluto indagare anche le dimensioni più sottili dell'essere umano come l'energia vitale e spirituale, la meditazione, l'ipnosi... e so che la mia ricerca, come il mio lavoro, sono in continuo divenire, perché man mano che io cambio, cresco, evolvo, emergono nuove intuizioni, considerazioni e precisazioni che affinano tanto la teoria quanto la tecnica. Ancora oggi mi trovo immerso nella ricerca scientifica, con il preciso intento di dare piena dignità teorica alla Psicologia Subliminale e di offrire alla comunità strumenti innovativi capaci di esplorare e prendersi cura, con profondità, dell'essere umano.

In tutti questi anni, però, non ho mai smesso di aiutare le persone a ritrovare sé stesse. Il mio impegno è sempre stato rivolto all'offrire una seconda possibilità di vita, così come l'ho avuta io. Non mi sono mai sottratto al pubblico durante le mie conferenze o negli incontri in cerchie più ristrette; in ogni occasione ho scelto di essere aperto all'ascolto e disponibile nel dare input verso il miglioramento personale. Ho sempre invitato i miei pazienti, i corsisti, e ora te che stai leggendo questo libro, ad avere una visione più ampia della vita e a guardare oltre i confini del conosciuto. Trasferire ciò che ho appreso è per me un atto di restituzione, è il modo in cui condivido le esperienze che io stesso ho

vissuto e trasformato in consapevolezza come essere umano in cammino, prima ancora che come terapeuta.
Come ti ho accennato, la Psicologia Subliminale si fonda sul presupposto che l'essere umano è un'unità integra, complessa, inscindibile, costituita da **Corpo-Psiche-Anima** in costante interazione tra loro. Ciascuna dimensione influenza e viene influenzata dalle altre, creando un sistema dinamico in cui emozioni, pensieri, sensazioni e forze profonde s'intrecciano dando forma alla nostra esperienza di vita.
Forse ti sembrerà strano parlare di Anima in un contesto psicologico. E in effetti, la psicologia positivista l'ha storicamente esclusa dal suo campo di indagine. Tuttavia, in linea con la prospettiva psicodinamica e archetipica, la Psicologia Subliminale concepisce l'Anima come una funzione psichica simbolica: quella parte profonda di noi che ci orienta verso ciò che percepiamo come autentico e coerente con il nostro "sentiero di vita". L'Anima agisce, quindi, come forza vivificante che organizza e struttura il significato che noi diamo agli eventi, alle relazioni, alle crisi e alle trasformazioni che attraversiamo.
Nel libro *La Psicologia Subliminale. Modello teorico e tecniche d'intervento*, definisco l'Anima come la possibilità che un individuo ha di sperimentare un certo tipo di esperienze che provengono dall'Inconscio personale e collettivo come un *progetto che lo vivifica*.
È come se l'Anima fosse il "campo" simbolico in cui si attiva un progetto evolutivo, uno schema invisibile che ci spinge verso esperienze capaci di metterci in contatto con la nostra verità più profonda.
Ed è proprio a questo punto che entrano in gioco le *Chiavi Emotive*, di cui parlerò più avanti, ovvero specifiche configurazioni dei tre simboli *Asta*, *Triangolo*, *Cerchio*, che danno origine a diverse tipologie di personalità.

Ogni tipologia presenta specifiche caratteristiche psicologiche e comportamentali, persino predisposizioni psicosomatiche e psicopatologiche, che possono emergere in particolari condizioni di stress e di conflitto interiore. Conoscere la propria configurazione simbolica significa leggere la propria mappa emotiva: un passo essenziale per comprendere i propri meccanismi profondi e iniziare un vero percorso di trasformazione.

Il mio lavoro si fonda su due obiettivi principali: il primo è aiutare le persone a comprendere sé stesse; il secondo è liberarle dalle prigioni invisibili che costruiscono nel tempo attraverso pensieri negativi, emozioni conflittuali, ricordi disturbanti, rimossi o ignorati, affinché possano ritrovare la leggerezza interiore, tornare a comunicare con sé stesse in modo profondo, consapevole e autentico e far emergere l'autostima e la fiducia necessarie per affrontare la vita.

Michela era sintonizzata su frequenze disarmoniche

Era novembre quando arrivò nel mio studio Michela, una bimba di otto anni. I suoi genitori, presenti all'incontro, mi descrissero una bambina socievole e a proprio agio sia a scuola che a casa, sia con i suoi coetanei che con gli adulti. Mi riportarono i dati della sua analisi cognitiva e formale, ma i parametri erano nella norma: il suo pensiero logico e la sua capacità di comprendere concetti astratti, seguire istruzioni complesse e risolvere problemi, erano adeguati alla sua età. Tuttavia, da circa sei mesi, Michela manifestava uno strano comportamento che i genitori non riconoscevano in lei: era diventata paurosa, timida, chiusa, aveva smesso di dormire da sola e aveva perso interesse sia per la danza, la sua passione, sia per la scuola. Cercava continuamente la presenza fisica

della madre e, nonostante lei ci fosse, Michela era in fase di peggioramento, stava dimagrendo e iniziava a soffrire di lipotimia, mentre le visite mediche continuavano ad escludere ogni causa fisica.
In sala d'attesa, Michela scoppiò in lacrime, urlando di voler andare via. Era inconsolabile, e mentre la mamma la accompagnava fuori a fare una passeggiata, io parlai con il padre.
Sospettavo che Michela, particolarmente sensibile alla dimensione invisibile, come accade alla maggior parte dei bambini, si fosse "sintonizzata" su frequenze vibrazionali disarmoniche, in risposta a un ambiente familiare conflittuale, povero di calore affettivo, ma ricco di tensioni e regole. Michela aveva inconsapevolmente adeguato il suo stato emotivo interno su quello esterno, come per creare un'illusione di sintonia con le figure di riferimento. Ma questo processo, ripetuto nel tempo, l'aveva bloccata in una connessione con vibrazioni di tensione e paura. Adattarsi spontaneamente all'ambiente esterno l'aveva condizionata nella sua capacità di percepire e generare armonia interna, facendola vivere in uno stato costante di allerta emotiva e instabilità, come se il suo "accordo interiore" fosse sempre leggermente stonato rispetto alla sua vera melodia.
Quando ebbi l'opportunità di parlare con Michela, le chiesi con delicatezza se volesse liberarsi di quel peso che sentiva dentro. Lei mi guardò e, con semplicità e sincerità, rispose di sì. Colsi in quella risposta un'apertura preziosa, e senza appesantirla con spiegazioni o discorsi razionali, decisi di avviare un lavoro di sblocco emotivo. L'obiettivo era farle sperimentare, fin da subito, un cambiamento tangibile in termini di serenità ed equilibrio interiore.
Dopo poche sedute, infatti, i livelli di tensione emotiva si ridussero sensibilmente e i sintomi iniziarono a regredire, sino alla loro completa

remissione. Michela cominciò a percepire finalmente un senso di liberazione, leggerezza e gioia. Ritrovò il sorriso e la spensieratezza e un giorno disse alla madre: *Mamma, puoi andare al lavoro tranquilla, ormai sono cresciuta!* Parole semplici ma profondamente significative, testimoni di un cambiamento nella percezione di sé e della realtà circostante. Era come se Michela avesse finalmente potuto conquistare uno spazio interno di sicurezza, autonomia e fiducia che, come un impermeabile, la proteggeva dalle intemperie familiari.

Quel nuovo equilibrio interiore la rendeva meno vulnerabile alle tensioni esterne che, seppur presenti, sembravano non penetrarla più, anzi le scivolavano addosso, senza più travolgerla.

Cosa sarebbe accaduto a Michela se avesse assunto dei farmaci?

Probabilmente nulla di risolutivo. Il farmaco, infatti, può essere prezioso per contenere o alleviare sintomi acuti, ma non elimina la radice emotiva del problema.

Ansia, panico, depressione, fobie restano lì, sotto uno strato di ghiaccio, pronti a riemergere non appena interrotta la cura. In apparenza i sintomi svaniscono, ma la causa continua a essere presente negli strati profondi dell'Inconscio. Quando il farmaco viene sospeso, è come se vi fosse il disgelo: il ghiaccio si scioglie e riemerge lo stato di blocco emotivo con tutti i suoi sintomi che, a volte, riaffiorano con una pressione ancora più intensa.

La terapia farmacologica agisce fondamentalmente per ricordare al tuo cervello come produrre quelle sostanze di cui ha bisogno per ritrovare un certo equilibrio. Quando l'effetto chimico svanisce, le ombre che ti avevano spinto a cercare aiuto, come l'ansia, la depressione, l'angoscia, possono tornare a farsi sentire. É in quel momento che diventa evidente il limite del farmaco, che riesce a spegnere il sintomo, ma non sempre scioglie i nodi emotivi che lo alimentano. Il farmaco, allora, può diventare un alleato temporaneo, ma poi devi ricercare le cause che hanno generato i sintomi e devi cercarle nella tua storia, nei tuoi conflitti, nelle tue ferite, nei tuoi desideri rimasti inespressi.

Il filo rosso della storia di Stefania

Numerose sono le storie di chi ha partecipato ai miei corsi che potrei raccontarti... una di queste è quella di Stefania.
Per anni ha convissuto con la depressione, intrappolata in una routine fatta di cure farmacologiche e di un lento smarrimento di sé. Quando partecipò al corso, stava per sottoporsi a un intervento agli occhi per non perdere del tutto la vista. Una coincidenza simbolica, quasi un segno: anche interiormente, Stefania non riusciva più a vedere una via d'uscita, né ad immaginare un futuro diverso. Durante il corso accadde qualcosa di straordinario. Dopo aver riconosciuto in lei una tipologia di personalità *Ego-femmina stimolata dall'asta*, e aver individuato alcuni punti di vulnerabilità su cui lavorare, decise di lasciarsi guidare in un viaggio a ritroso nel tempo, fino a incontrare la bambina che era stata. Lì, in quello spazio simbolico ma realmente vivido, si trovò faccia a faccia con la figura del padre. Un uomo imponente, autoritario, severo, intriso di disciplina militare e inflessibile richiesta di rispetto. Non smetteva mai i panni di militare, né fuori né dentro casa. Anche tra le mura domestiche, il suo atteggiamento rimaneva rigido, duro, spesso scontroso, accompagnato da parole taglienti e grossolane, rivolte sia alla moglie che alla figlia ancora piccola.
Per tutta la sua infanzia, Stefania aveva vissuto nel terrore costante di sbagliare qualcosa davanti a lui. Ogni passo era carico di ansia, ogni

parola rischiava di essere quella di troppo. E non trovava rifugio nemmeno nella madre, che, forse per paura o per abitudine, la esortava a "fare la brava", a "non rispondere", a "non chiedere troppo", per non provocare la rabbia del padre.

In quel clima emotivamente sterile e minaccioso, Stefania aveva finito per convincersi che il problema fosse lei. Aveva imparato a diventare invisibile, a muoversi come un fantasma nella propria casa, un'ombra silenziosa che cercava solo di non dare fastidio. Dentro di sé aveva coltivato la sensazione di essere un peso, qualcosa di sbagliato, forse persino di troppo. La sua idea era che forse sarebbe stato meglio sparire.

Crescendo, questa ferita si era trasformata in rassegnazione. Stefania aveva smesso di scegliere, desiderare, credere di avere un potere sulla propria vita. Una decisione valeva l'altra, tanto qualcuno avrebbe deciso comunque al posto suo. E lei, come allora, si sarebbe adattata, in silenzio.

Lo sblocco emotivo avvenne nel momento in cui comprese che quel ruolo passivo e remissivo che aveva sempre "interpretato" non le apparteneva davvero. Era stata solo una modalità appresa, una strategia di sopravvivenza adottata in un ambiente segnato dal conflitto e dall'instabilità emotiva. Durante il suo viaggio simbolico, incontrò aspetti di sé rimasti a lungo nell'ombra, emozioni dimenticate, bisogni repressi, desideri mai ascoltati. Fu come aprire una porta rimasta chiusa per anni. Lì, in quell'incontro profondo, riconobbe la bambina spaventata che aveva imparato a tacere per non disturbare e, allo stesso tempo, scoprì in sé una forza primitiva e creatrice, mai del tutto spenta.

Rivivendo le scene del passato, riuscì a ricucire il filo rosso della propria storia, quello che i conflitti, la paura e il silenzio le avevano fatto smarrire. Ebbe finalmente l'opportunità di fare pace con il proprio passato, riconoscendo che per anni si era aggrappata alle certezze di un mondo che non esisteva più. Comprese che, nel tentativo di restare al sicuro, si era adattata a vivere in un modo che ormai, da adulta, non le apparteneva più.

Ricucì la linea del tempo della sua vita, tornando simbolicamente al momento precedente l'origine del suo malessere. Quel ritorno alle origini fu come un nuovo inizio. Entrò in contatto con le sue energie creatrici e guaritrici e ne riemerse trasformata, più consapevole, più forte e più fiduciosa.

Il cambiamento fu autentico, profondo e radicale. Le sue lacrime non erano più di dolore, ma di gioia... finalmente! Con il cuore aperto e lo sguardo nitido, Stefania fremeva all'idea di avere ancora una vita da costruire, questa volta, però, secondo i propri desideri e volontà.

Davanti a sé vedeva un futuro chiaro, non più oscurato dal bisogno di approvazione né sostenuto da farmaci.

E così, Stefania ritrovò la sua strada... e anche buona parte delle sue diottrie, senza dover sottoporsi all'intervento chirurgico.

Visualizzazione guidata: incontro con la dimensione inconscia

Alla fine di questo capitolo, ho il piacere di accompagnarti in un'esperienza pratica di esplorazione interiore. Ti guiderò in una visualizzazione profonda che ti condurrà all'incontro con il tuo Inconscio, quella parte di te che custodisce memorie, emozioni, risorse e intuizioni, spesso dimenticate o mai ascoltate.

L'intento di questo esercizio non è "controllare" o "capire" con la mente razionale, ma piuttosto stabilire un primo contatto consapevole con questa dimensione nascosta eppure sempre attiva. Un breve viaggio simbolico per familiarizzare con la tua parte più profonda, con le sue energie creatrici e guaritrici, aprendo un canale di dialogo che potrai richiamare ogni volta che ne sentirai il bisogno.

Preparati, quindi, mettiti comodo, seduto o sdraiato in un luogo silenzioso e confortevole. Dopo aver letto il testo, chiudi gli occhi e lascia che sia la tua interiorità a mostrarti la strada.

Non devi fare nulla, solo permettere che accada.

Iniziamo.

Porta l'attenzione sul RESPIRO.

Inspira lentamente dal naso... ed espira dolcemente dalla bocca.

Ancora una volta... inspira dal naso... ed espira dalla bocca, lasciando andare ogni tensione fisica.

Quando l'aria entra dal naso, i tuoi organi si riempiono di ossigeno e si rigenerano.

L'aria inonda tutto il tuo corpo, nutrendolo e rafforzandolo.

Quando l'aria esce dalla bocca, il tuo corpo si svuota pian piano, come un palloncino che si sgonfia delicatamente.

Ogni respiro che esce porta via tensioni, pesi, pensieri.

Senti come questo movimento dell'aria, che entra ed esce dal tuo corpo, crea un massaggio profondo e naturale: rilassa gli organi interni, distende i muscoli e acquieta la mente.

Ora il respiro si fa spontaneo e naturale.

L'aria entra ed esce dal naso in modo continuo, regolare e sereno.

(pausa)

Porta ora l'attenzione sulla tua PERCEZIONE SENSORIALE.

Lascia che la tua consapevolezza scenda dolcemente fino ai piedi.

Percepisci i tuoi piedi:

Sono caldi o freddi?

Leggeri o pesanti?

Percepisci le sensazioni che emergono.

Ora sposta l'attenzione sulle gambe... e lascia che si rilassino.

Porta ora l'attenzione alle mani e percepisci la sensazione che hai.

Poi lascia che questa consapevolezza si estenda alle braccia.

Senti se sono pesanti o leggere, rilassate o contratte.

E lascia andare.

Ora fai risalire la tua attenzione lungo la colonna vertebrale, vertebra dopo vertebra, fino ad arrivare alla nuca.

Fai qui un respiro profondo: inspira dal naso... ed espira dalla bocca...

Dalla nuca, lascia che la tua presenza si espanda nella testa.

(pausa)

Adesso espandi la tua presenza in tutto il corpo, dalla testa ai piedi.

Ascolta la sensazione di essere qui, radicato nel presente.

(pausa)

In questo stato di quiete e presenza, con gli occhi della mente visualizza davanti a te un ALBERO.

Senza giudicare, osserva l'albero che emerge dalla tua interiorità.

Non c'è bisogno d'immaginarlo in un certo modo.

Lascialo semplicemente apparire, così com'è.

Osserva: è grande o piccolo?

È giovane o antico?

Guarda il suo tronco: è liscio o rugoso? Spesso o esile?

Osserva la sua chioma: è folta o rada? Che forma ha?

Prenditi un momento per notare ogni dettaglio, ogni sfumatura.

(pausa)

E ora... senti.

Quale sensazione ti trasmette questo albero?

Solitudine? Tristezza? Rabbia? Stabilità? Protezione? Forza?

Non analizzare. Solo percepisci.

(pausa)

Bene. Ora, lentamente, nella tua visualizzazione appare un SOLE.

Guarda la sua luce, il suo calore, la sua forma.

È un sole splendente e pieno?

Oppure delicato, tenue, quasi velato?

Osservalo senza fretta... e ascolta la sensazione emotiva che ti dà.

(pausa)

Adesso, davanti a te, compare un oggetto magico: è la LAMPADA DI ALADINO.

Osservala con attenzione.

Com'è fatta?

Osservala in tutte le sue sfaccettature.

(pausa)

Ora, con un atto di volontà, strofina la lampada e fai uscire il GENIO DELLA LAMPADA.

Osservalo mentre prende forma.

Come si presenta? Ha un aspetto umano? Mitologico? É divertente? È potente?

Guarda i suoi dettagli.

(pausa)

E ora percepisci la sensazione che ti dà questo Genio.

(pausa)

Ora chiedi al tuo Genio di guidarti fino al luogo in cui il tuo Inconscio ti sta aspettando.

(pausa)

Arrivi in questo luogo speciale, accogliente, luminoso e tranquillo.

Da lontano una figura si avvicina a te: è il tuo Inconscio.

Potrebbe avere l'aspetto di un bambino, un animale, un oggetto, o presentarsi come una forma di energia o un suono, una voce.

Lascia che si presenti a te nel modo che ritiene più idoneo a te.

(pausa)

Osserva, percepisci, ascolta.

Forse vuole dirti qualcosa.

Forse ti porge un oggetto.

Non giudicare. Accogli.

Ascolta in silenzio quello che ha da dirti o da farti vedere.

(pausa)

Quando senti che è il momento, ringrazia questa parte di te per essersi mostrata.

Ringrazia per quanto ti ha detto o fatto, portando con te tutto ciò che hai ricevuto come dono, sensazioni, conoscenze.

Ora, lentamente, riprendi il contatto con il tuo corpo.

Fai un respiro profondo...

E quando ti senti pronto, apri lentamente gli occhi, sentendoti bene e in armonia con te stesso e il mondo.

Porta con te la consapevolezza che puoi chiamare a te il tuo Genio e tornare in questo luogo ogni volta che ne sentirai il bisogno.

Tutto ciò che cerchi fuori esiste già dentro di te... è solo in attesa di essere riconosciuto.

CAPITOLO 4
IL RIEQUILIBRIO EMOTIVO

Un esempio in cui riconoscersi

Hai mai sentito parlare dei *neuroni specchio*?

Sono una particolare classe di cellule cerebrali che si attivano sia quando compi un'azione, o provi un'emozione, sia quando vedi qualcun altro compiere la stessa azione o provare quella stessa emozione[17]. In quest'ultimo caso, è come se il cervello simulasse internamente l'azione osservata, o l'emozione provata da qualcun altro, e creasse una sorta di ponte diretto tra ciò che vedi e ciò che impari. In altre parole, il tuo cervello "risuona" con quello dell'altro, come se per un istante vivessi la sua stessa esperienza.

Il fatto che tu possa gioire o soffrire insieme a un'altra persona dipende proprio da questa classe di neuroni, oltre che da processi cognitivi più astratti, per cui non solo memorizzi le azioni altrui e le replichi facendole tue, ma puoi comprendere anche le intenzioni dell'altro, attraverso il

---

[17] Kilner, J. M., & Lemon, R. N. (2013). What we know currently about mirror neurons. *Current biology*, *23*(23), R1057-R1062.

meccanismo del "metterti nei panni" di chi osservi. Pensa, ad esempio, a quanto sia contagiosa una risata, a come ti emozioni davanti ad un film romantico o a come un film d'azione o horror possa lasciarti senza fiato. Pensa a quanto partecipi allo sforzo e alla sofferenza del tuo giocatore preferito o di tuo figlio quando gareggia e si fa male; oppure a quanto sia coinvolgente e adrenalinico vedere segnare il gol decisivo della tua squadra. Pensa a quanto possa risultare spiacevole mangiare un piatto a te gradito e vedere la persona di fronte che, assaggiando la stessa pietanza, arriccia il naso in segno di disgusto o la allontana dicendo: *Io questo piatto proprio non lo digerisco!* oppure *Questo piatto mi fa schifo!* ... e così ti toglie gran parte del piacere di mangiare. E pensa, infine, a quanto tu possa sentirti soffocato dalla tensione tagliente all'interno di una stanza, o provare imbarazzo di fronte ad una persona goffa e maldestra, a quanto possa pesare condividere l'ufficio con un collega costantemente serio, triste e chiuso oppure, al contrario, sentire il respiro aprirsi, la tensione sciogliersi e l'energia rigenerarti in un ambiente sereno e carico di positività.

In tutti questi esempi, il tuo cervello non si limita a osservare, ma vive e replica l'esperienza, attivando sensazioni e percezioni che ti permettono di partecipare, condividere, reagire, trasformando le emozioni e le azioni altrui in esperienze anche tue.

La scoperta dei neuroni specchio, frutto delle ricerche di un team italiano guidato dal prof. Giacomo Rizzolatti[18], ha aperto nuove prospettive nella comprensione dei meccanismi di imitazione, apprendimento, immedesimazione ed empatia. Ed ecco spiegato

---

[18] Rizzolatti, G., & Craighero, L. (2004). The mirror-neuron system. *Annual Review of Neuroscience, 27*(1), 169–192. ttps://doi.org/10.1146/annurev.neuro.27.070203.144230

grossolanamente il meccanismo per cui impariamo a parlare, scrivere, suonare uno strumento, amare lo studio, apprendere arti e mestieri.

Allo stesso modo impariamo a leggere tra le righe, cogliere determinate sfumature nei gesti e nelle parole, provare certe sensazioni e non altre, intuire lo stato d'animo di chi ci è di fronte, percepire la tensione o la serenità di un ambiente.

Grazie al ruolo dei neuroni specchio la nostra vita è un continuo apprendimento... ma anche un continuo condizionamento!

Ogni giorno assimiliamo gesti, emozioni, atteggiamenti, abitudini e persino stati d'animo dalle persone e dagli ambienti che ci circondano. Alcuni di questi influssi ci arricchiscono e ci fanno crescere; altri, invece, possono diventare catene invisibili che limitano il nostro benessere e la nostra libertà interiore.

Parole che ascolti o situazioni che osservi possono vibrare profondamente dentro di te, perché il tuo sistema nervoso non si limita a registrare le informazioni che riceve dall'esterno, ma le ricrea in te come se stessi vivendo in prima persona quell'esperienza: attiva le stesse mappe cerebrali, motorie ed emotive, che useresti se fossi tu a compiere quell'azione o a provare quell'emozione. Per questo una scena, una frase o persino uno sguardo possono riaccendere in te memorie sopite, desideri dimenticati o ferite ancora vive. Sottolineo quest'ultima parte, perché per te è essenziale comprendere che, nella realtà, gli incontri che fai e le esperienze che vivi non sono casuali, ma sono influenzate da ciò che è già presente dentro di te. In altre parole, incontri determinate persone, vivi determinate esperienze e interpreti le situazioni in un certo modo, proprio perché queste, e non altre, entrano in sintonia e risuonano con ciò che porti dentro: emozioni, ricordi, credenze, bisogni, paure, conflitti, turbamenti.

Proprio questa consapevolezza ci conduce, nei prossimi paragrafi, verso concetti fondamentali che ti aiuteranno a capire come non siamo affatto separati gli uni dagli altri e dall'ambiente in cui viviamo e come gran parte del tuo stile di vita non sia "naturale", ma modellato da condizionamenti familiari, culturali e sociali. Per cui quando decidi di dire "basta" e vuoi davvero cambiare le cose, non sprecare energie cercando di cambiare gli altri, fuggendo in un altro luogo o sostituendo il partner con qualcun altro. La vera svolta è liberarti dalle zavorre interiori che ti appesantiscono e ti opprimono! **Quando cambi dentro, si trasforma anche il mondo che ti circonda**, non perché l'esterno cambi magicamente, ma perché tu inizi a entrare in risonanza con altri luoghi, altre persone, altre relazioni, altre esperienze.

Gli altri sono lo specchio del tuo benessere

Gli altri sono molto più che semplici presenze nella nostra vita: sono specchi che riflettono ciò che portiamo dentro. A volte pensiamo che l'umore, l'energia o la sintonia che proviamo dipendano esclusivamente da come gli altri si comportano con noi. In realtà, spesso accade l'opposto: ciò che sentiamo in noi influenza la scelta e il modo in cui percepiamo e viviamo le relazioni. Ad esempio, quando sei sereno e in equilibrio con te stesso, anche le persone intorno a te sembrano più gentili, disponibili e persino più luminose. Percepisci le loro parole in modo diverso, i piccoli difetti passano inosservati e ti sembra più facile entrare più in "connessione" con loro. Al contrario, quando vivi un momento di malessere o di tensione interiore, anche i comportamenti più neutri degli altri possono diventare motivo di fastidio: un collega ti appare scontroso, un amico distratto, un familiare distante.

Immagina, ad esempio, d'iniziare la giornata dopo aver dormito poco, con la mente appesantita da preoccupazioni. Arrivi in ufficio e il tuo collega ti saluta in fretta, senza troppi sorrisi. Se dentro di te ci fosse irritazione o stanchezza, percepiresti quel gesto come una mancanza di rispetto o come disinteresse, e questo ti renderebbe ancora più nervoso. Ma se ti trovassi in uno stato d'animo sereno, probabilmente lo interpreteresti diversamente: penseresti solo che ha fretta o che ha la testa altrove, e non daresti peso al suo saluto veloce.

Lo specchio non mente: gli altri ci rimandano ciò che stiamo provando interiormente. Ma andiamo oltre il semplice stato d'animo del momento.

Ciò che gli altri fanno, dicono, percepiscono, sentono o pensano non ti lascia indifferente, al contrario, scatena in te una reazione emotiva e comportamentale ben precisa.

Quante volte, ad esempio, hai giudicato, criticato, censurato qualcuno o una situazione proprio perché ti aveva generato fastidio, disagio, irritazione, imbarazzo?

E quante volte, invece, ti sei sentito attratto da una persona al punto da sentire le "farfalle nello stomaco", oppure ti sei fatto coinvolgere in una situazione o hai sostenuto una causa, solo perché le sentivi giuste?

In questi momenti, senza che te ne sia reso conto, qualcuno o qualcosa ha toccato corde invisibili dentro di te, smuovendo quei sassolini depositati nel tuo Inconscio... proprio come una marea che solleva i sedimenti depositati sul fondale marino.

Ogni persona che incontri è, in qualche modo, uno specchio del tuo mondo interiore e riflette parti di te: bisogni, desideri, aspirazioni, paure, limiti, ferite. Ciò che credi di te stesso, ciò che pensi di meritare, le ferite che porti con te e i valori che coltivi determinano il tipo di persone con cui entri in contatto e il modo in cui le vivi. Non è un caso se alcune relazioni si ripetono nella tua vita come cicli, quasi fotocopie di esperienze già vissute. Se incontri spesso persone che ti criticano, ti fanno sentire inadeguato o non ti rispettano, forse non è solo "sfortuna": è lo specchio di una parte di te a cui non hai ancora dato importanza e il giusto valore. Al contrario, quando ti circondi di persone che ti sostengono, t'incoraggiano e t'ispirano, molto probabilmente è perché dentro di te hai imparato a riconoscere il tuo valore e stai coltivando fiducia, forza e apertura verso la vita; non senti il bisogno di rincorrere l'approvazione, comunichi con calma, poni confini chiari e intorno a te le persone tendono a rispettarti di più e ad avvicinarsi con più naturalezza.

Dunque, ciò che ti disturba in un comportamento non è mai del tutto "colpa" dell'altro, così come ciò che ti attrae non è mai completamente "merito" dell'altro: **l'altro è l'innesco** che stimola le tue sensazioni, riaccende i tuoi desideri o fa riaffiorare i tuoi turbamenti.

A questo punto dovresti comprendere che arrabbiarti con gli altri per ciò che hanno fatto o detto, ti serve solo come sfogo, ma non risolve il tuo "problema interiore" ... e che la situazione che ti ha fatto "saltare i nervi" si ripresenterà come prima o più intensamente di prima.

Allo stesso modo, se ti ostini a non perdonare la persona che ti ha fatto soffrire, non solo continui a ferirla e tenerla legata a te, ma costringi te stesso a restare incatenato in una condizione di stallo, trattenendo e bloccando nella "negatività" energie preziose che potresti, invece, utilizzare per comprendere e liberarti da vecchi schemi del passato.

Le persone che incontriamo, le situazioni che viviamo e le emozioni che ci scuotono non ci mostrano solo come stiamo *oggi*, ma ci mettono davanti alle parti più radicate di noi stessi: ciò che amiamo, ciò che evitiamo, ciò che ancora non abbiamo guarito. Possono diventare, pertanto, indicatori preziosi del tuo stato di benessere e potenti strumenti di consapevolezza, capaci di rivelarti cosa sta crescendo in te e in quale direzione stai andando.

Lo scopo dello “specchio”, infatti, è mostrarti ciò che ti dà piacere e ti rende felice, ma anche ciò che ti tormenta, ciò che è bloccato in te e ancora non elaborato. Per questo, farti queste domande potrebbe ribaltare la tua prospettiva e fare la differenza:

Perché questa esperienza si ripete?

Perché questa persona è nella mia vita?

Quale caratteristica di questa persona risuona in me?

Che parte di me sta cercando di emergere attraverso la relazione con questa persona?

Le risposte che saprai darti orienteranno il punto di partenza del tuo vero cambiamento: non devi cambiare chi ti circonda, ma guardare dentro te stesso e trasformare il tuo stato interiore.

Quando sblocchi il sistema inconscio da tensioni, conflitti e condizionamenti, trasformi il tuo modo di stare al mondo, la fiducia che nutri in te stesso, il rispetto che ti concedi. Quando impari ad amare te stesso, rispettarti, riconoscere i tuoi bisogni e ascoltare le tue emozioni, la qualità delle tue relazioni cambia. Non perché le persone intorno a te siano diverse, ma perché il tuo sguardo, la tua energia e le tue scelte ti porteranno naturalmente verso chi entra in risonanza con la tua nuova frequenza.

Esercizio pratico: lo specchio delle relazioni

Come abbiamo visto, le relazioni che viviamo ogni giorno con familiari, amici, colleghi, partner, sono spesso uno specchio attraverso cui possiamo osservare aspetti profondi di noi stessi. Le dinamiche che si ripetono, le emozioni che emergono, i conflitti o le affinità che sperimentiamo ci parlano non solo dell'altro, ma anche di ciò che portiamo dentro di noi.

Questo esercizio ti invita a osservare con sincerità e curiosità le dinamiche che vivi nelle tue relazioni più significative. Non si tratta di giudicare te stesso o gli altri, ma di cogliere l'opportunità di conoscerti meglio attraverso ciò che gli altri risvegliano in te.

Lo scopo è fare luce, aumentare la consapevolezza e, magari, decidere già di trasformare quei riflessi che oggi ti condizionano, in risorse per la tua crescita personale.

Prenditi qualche minuto per te e segui gli step successivi:

1. Fai una lista di tre persone importanti per te, che oggi sono più presenti nella tua vita (partner, familiari, amici, colleghi).

2. Per ognuna di queste persone, rispondi a due semplici domande:
   Cosa mi piace di più di questa persona?
   Cosa mi irrita, mi disturba, mi mette a disagio di lei?

3. Osserva il riflesso:
   Le qualità che apprezzi negli altri sono probabilmente parti di te che già coltivi o che desideri sviluppare di più.

I difetti che noti negli altri, o ciò che ti fa soffrire, spesso sono specchi che riflettono aspetti di te che non hai ancora integrato o che ti fanno paura.

4. Scegli un punto su cui lavorare:
   Se noti che ti circondi di persone che ti trasmettono fiducia, serenità o forza, chiediti: *Come posso valorizzare ancora di più queste qualità in me?*
   Se nelle tue relazioni amicali o familiari emergono spesso comportamenti che ti feriscono o ti appesantiscono, chiediti:
   Cosa di me permette a questo schema di ripetersi?
   Quale parte di me ha bisogno di essere guarita o rafforzata?

5. Concludi l'esercizio scrivendo il tuo impegno concreto, con una frase del tipo:
   Scelgo di sviluppare più (es. fiducia, sicurezza, armonia)
   ____
   in me stesso, così da attrarre relazioni che riflettano questa qualità.
   Riconosco che (es. rabbia, risentimento, paura, frustrazione)
   ____
   è una mia ferita, e inizio a prendermene cura.

Ogni relazione è un'occasione per guardarti dentro con più verità. Ciò che vedi nell'altro può diventare una chiave preziosa per conoscere, accogliere e trasformare te stesso.

Suggerimento: ripeti questo esercizio ogni mese. Se ti sarai impegnato per portare a termine il tuo impegno, ti accorgerai che, oltre alle tue sensazioni, cambierà anche la qualità delle persone che ti circondano.

Le compagnie che frequenti ti influenzano

C'è un detto che recita: "Dimmi con chi vai e ti dirò chi sei".
Non è solo un proverbio popolare, è psicologia applicata. Gli esseri umani, infatti, apprendono per imitazione: assorbono atteggiamenti, modi di parlare, abitudini, persino valori. È come se fossimo strumenti musicali che vibrano all'unisono con chi ci sta accanto. Se ti circondi di persone entusiaste, risolutive, resilienti, che credono nella crescita, ti sorprenderai osservando che anche tu inizierai a parlare di possibilità, di cambiamento, di superamento dei limiti; ti sentirai più leggero, più motivato, più vitale. Al contrario, se ti abitui alla compagnia di chi si lamenta, vede problemi ovunque, vive nella paura e nel vittimismo, ti accorgerai che anche la tua energia si abbassa, i tuoi pensieri si appesantiscono e il tuo corpo reagisce con stanchezza o tensione.
Quante volte, dopo una serata con amici allegri e positivi, sei tornato a casa con il sorriso, carico di energia e voglia di fare? E quante altre volte, dopo aver trascorso del tempo ad ascoltare un amico che vede solo problemi e negatività, ti sei sentito prosciugato, senza energia, con un peso addosso?

Le emozioni sono contagiose e gli studi lo dimostrano: vivere in ambienti tossici aumenta lo stress[19], indebolisce le difese immunitarie[20] e compromette la qualità del sonno[21]. Invece, frequentare persone che sprigionano entusiasmo e coraggio rafforza la motivazione, la creatività e persino il benessere fisico.

La domanda, allora, è inevitabile: sapendo che stare con persone allegre e motivanti è positivo per la tua evoluzione mentre stare con quelle "negative" ti spegne e ti butta giù, perché continui a scegliere di frequentare chi ti trascina nel caos, nella tristezza, nella lamentela continua, nella paura?

Forse non ci pensi, ma molto spesso selezioni inconsapevolmente le persone che frequenti, perché percepisci quella sottile risonanza emotiva che ti fa percepire l'altro "simile" a te e che ti fa sentire a tuo agio, anche se sai che quel terreno non è fertile.

Come ti ho già spiegato, per il principio della risonanza, ti avvicini a chi porta dentro di sé emozioni, pensieri, valori, passioni e modi di vivere che riconosci simili ai tuoi. Percepisci inconsapevolmente che quelle persone hanno qualcosa in comune con te; ad esempio, se ami lo sport, più facilmente troverai amici sportivi; se ami il teatro, la musica, la lettura, ti circonderai di persone che condividono le tue stesse passioni; se tieni ad un certo tipo di comportamento, a determinati ideali, o hai

---

[19] Levine, P. A., & Frederick, A. (1997). *Waking the tiger: Healing trauma.* North Atlantic Books.

[20] Moretti, M., Rigolon, T. C. C., Pavan, C., dos Santos, D. B., & de Andrade, V. M. (2016). Oxidative stress: A potential link between emotional wellbeing and immune response. *Current Pharmaceutical Design, 22*(36), 5667–5673. https://doi.org/10.2174/1381612822666160607070145

[21] Zhang, J., Li, X., Tang, Z., Xiang, S., Tang, Y., Hu, W., Tan, C., & Wang, X. (2024). Effects of stress on sleep quality: multiple mediating effects of rumination and social anxiety. *Psicologia: Reflexão e Crítica, 37*(10). https://doi.org/10.1186/s41155-024-00294-2

un preciso sistema di valori, non potrai che scegliere di frequentare persone che condividono il tuo stesso stile di vita. Ugualmente accade per lo stato emotivo: le persone con cui scegli di trascorrere il tuo tempo non sono semplicemente amici, colleghi o compagni di viaggio, ma diventano amplificatori del tuo stato d'animo, del tuo sistema di valori, dei tuoi limiti, del tuo stato di benessere o di malessere. Così, con il tempo, inizierai a parlare come loro, a muoverti come loro, a pensare come loro. E a quel punto, chi ti ama lo noterà: *Sei cambiato! ... Da quando frequenti quella persona non sei più lo stesso! ... Non ti riconosco!* oppure *Parli proprio come...* oppure *Hai le stesse espressioni di...* facendo il nome del tuo amico, amica o collega.

Perché mai, allora un "bravo" ragazzo dovrebbe frequentare "cattive compagnie"?

Forse per lui non funziona il principio della risonanza?

Tutt'altro! Le compagnie che frequenti influenzano il tuo modo di essere, è vero, ma tu le scegli perché fanno breccia, perché toccano i tuoi punti deboli, perché risuonano con le ombre che stanno richiedendo la tua attenzione. Quindi, nella realtà, chi scegli di avere accanto t'influenza nel senso che diviene lo strumento per far emergere alcune tue caratteristiche ancora non gestite, elaborate, risolte, amplificando ciò che già è dentro di te.

Se scegli, seppur inconsapevolmente, di frequentare solo chi rispecchia la tua tristezza, il tuo dolore, la tua sofferenza, i tuoi giorni saranno sempre spenti, bui e non sentirai alcuno slancio verso il cambiamento. La tua sofferenza si rafforzerà e penserai di non poter vivere diversamente, dato che il tuo dolore merita spazio. In realtà, la sofferenza è tua, ma viene amplificata dall'energia di chi ti sta intorno, creando un loop negativo.

In alcuni casi, incontrare persone spensierate o positive può risultare inutile perché, non riuscendo ad entrare in sintonia con loro, pensi di perdere tempo. Ma è proprio il tuo blocco interiore a imprigionarti sempre nella stessa situazione, a farti vibrare sempre alla stessa frequenza.

Frequentare buone compagnie sarebbe non solo piacevole, ma un vero input verso il cambiamento. Perché non sono solo le emozioni ad essere contagiose, ma anche le scelte e le abitudini.

Farsi coinvolgere da una persona allegra, positiva, propositiva, che affronta le difficoltà con calma e creatività, cambia la tua stessa energia; ti senti più leggero, più motivato, più speranzoso. Persino il corpo risponde diversamente e riesci a percepire il respiro più profondo, la testa alleggerita e il sollievo dai dolori.

Le buone compagnie sono come uno specchio luminoso: riflettono ciò che di meglio puoi diventare e ti fanno percepire le emozioni positive come se fossero già tue, anche se solo per risonanza. In quel clima di fiducia ed energia, nasce spontanea la spinta a cambiare, ad avvicinarti a uno stile di vita più sano, più vero, più vicino a ciò che desideri profondamente. È come cavalcare un'onda di positività e rigenerazione, che ti risolleva e, allo stesso tempo, ti orienta verso persone e contesti che possono offrirti strumenti, nuove esperienze e nuove prospettive. Grazie a ciò, potrai ricevere l'aiuto e il sostegno necessari a tirar fuori il meglio di te e riconoscere i tuoi veri talenti, da sempre presenti in te, ma inespressi, frenati, repressi, bloccati.

Qualora riuscissi a nutrirti con sempre maggiore frequenza della presenza e della positività di "buoni" amici e "buoni" compagni di viaggio, scopriresti che il cambiamento non è un salto nel vuoto, ma un tracciato che si illumina passo dopo passo. È come se ogni incontro, parola incoraggiante, sorriso condiviso diventasse una piccola torcia che rischiara il sentiero verso la tua realizzazione. Lungo questo percorso, inizi a costruire un equilibrio solido e una sicurezza interiore che non ti renderanno immune dalle difficoltà, ma ti permetteranno di aprire gli occhi: scoprirai che gli ostacoli non sono lì per fermarti, ma per allenarti; non sono mura che sbarrano la tua strada, ma maestri che ti insegnano. Con questa nuova consapevolezza sviluppi un nuovo atteggiamento e comprendi che **il vero potere non consiste nell'evitare i problemi, ma nel trasformarli in opportunità** per crescere, rafforzarti e guidarti nel trovare il tuo posto nel mondo. Un posto che non è definito solamente dalle circostanze esterne, ma dalla chiarezza interiore e dalla forza che hai coltivato dentro di te.

Cinque segnali per capire chi emana vibrazioni positive

Nelle relazioni quotidiane, che siano personali, familiari o professionali, puoi incontrare persone che, semplicemente con la loro presenza, ti fanno sentire più leggero, ascoltato e al sicuro. Non sempre sei in grado di spiegare il perché, ma la sensazione è inequivocabile: trasmettono calma, fiducia, energia pulita.

Queste persone non sono perfette, né sempre sorridenti, ma hanno qualcosa di profondo che le distingue: una connessione sincera con sé stesse. Trasmettono armonia, semplicemente perché in loro c'è armonia.

Riconoscere una persona che emana vibrazioni positive ed è emotivamente equilibrata, può aiutarti a coltivare relazioni più sane e autentiche, ma anche a comprendere meglio il tuo stesso stato interiore.

Ecco allora cinque segnali chiari che ti aiutano a identificare la persona che emana vibrazioni positive:

1) **Ascolta con presenza e senza giudizio.**

Ti senti accolto quando parli con lei, perché non interrompe, non critica, ma ti lascia spazio. Non ha bisogno di parlare di sé, né si lamenta, ma ti ascolta con attenzione, rispetto e interesse sincero.

2) **Dimostra coerenza tra pensieri, parole, emozioni e azioni.**

Non indossa maschere: quello che promette lo mantiene, quello che dice lo pensa davvero; quello che fa è esattamente ciò che ha nel cuore. Non cambia umore in modo imprevedibile, la sua autenticità e la sua coerenza creano fiducia e stimolano ad essere migliori.

3) **Mantiene un atteggiamento costruttivo.**

Riesce a trovare sempre il lato positivo delle cose. Cerca soluzioni invece di restare incastrata nei problemi. Sceglie di agire con empatia e rispetto, senza cadere nella tentazione di scaricare colpe, responsabilità o provare invidia per gli altri. È consapevole che ognuno ha delle prove da superare e, se può, aiuta gli altri a riconoscere le proprie.

4) **Diffonde entusiasmo autentico.**

Consapevole del proprio impatto energetico, sa che entrando in una stanza può influenzare l'atmosfera e le emozioni delle persone presenti. Per questo sorride con sincerità, utilizza un linguaggio positivo, sa gioire delle piccole cose e celebra i successi degli altri. Stare con lei accende la tua motivazione, la fiducia e l'entusiasmo.

5) **Sprigiona calma e stabilità emotiva.**
Non si lascia travolgere dalle difficoltà. La sua energia è come un'ancora: rassicurante, equilibrata, capace di riportare serenità negli altri. Con lei ti senti compreso, al sicuro e riesci ad aprirti, mostrando anche le tue vulnerabilità. In modo naturale, attrae a sé animali e bambini che, al suo fianco, si sentono protetti e a loro agio.

Riconoscere chi emana vibrazioni positive ed è emotivamente equilibrato non significa cercare persone perfette, ma saper cogliere in esse quei segnali sottili, eppure potenti, che parlano di autenticità, presenza e consapevolezza. Queste persone non brillano perché non hanno mai attraversato il buio, ma perché hanno imparato a trasformarlo, integrarlo e farne una risorsa preziosa.
Star loro accanto, può farti star bene e mostrarti come anche tu puoi diventare quella persona per gli altri: una presenza che accoglie, nutre e porta luce. Una fonte di equilibrio e calma in un mondo sempre più caotico... perché, in fondo, le vibrazioni che emani parlano di quanto sei in pace con te stesso.

Le attrazioni emotive non sono mai casuali

Se le amicizie e le persone che entrano nella tua vita non sono semplici coincidenze, questo vale ancor di più per chi scegli come partner.
Non sto parlando di Destino né della cosiddetta Anima Gemella, tema che affronto nei miei seminari avanzati, ma di ciò che chiamo ***incastri emotivi.***

Ogni scelta che compi in amore, infatti, non è del tutto razionale né del tutto consapevole, è piuttosto guidata da esigenze e bisogni interiori, da parti di te che cercano espressione, guarigione o conferma. Tu la chiami attrazione, compatibilità, affinità o completamento, in realtà il partner che attrai e che scegli diventa lo specchio dei tuoi desideri più intimi, ma anche dei tuoi limiti e delle tue fragilità. Riflette ciò che ami di te stesso ma anche ciò che fai fatica ad accettare o far emergere.

Ad esempio, se t'innamori di un uomo che ti fa sentire protetta, ascoltata e sostenuta, hai la sensazione che lui completi i tuoi vuoti, come una tessera di un puzzle. In realtà, lui non sta facendo altro che mostrarti le qualità già presenti dentro di te, che aspettano solo di essere riconosciute e sviluppate. In altre parole, le virtù e i pregi che ami nel tuo compagno sono gli stessi che sei chiamata a coltivare verso te stessa, per completare il tuo percorso di autorealizzazione: la capacità di proteggerti, prenderti cura di te, ascoltarti e sostenerti.

Se imparassi a vedere il tuo lui come uno specchio e non come il tuo completamento, ti accorgeresti che egli non rappresenta ciò che ti manca, ma ciò che devi imparare a incarnare o fare per completarti e proseguire nel tuo cammino di realizzazione.

Se, come spesso accade, lo vedi soltanto come la tua dolce metà, ti limiti ad apprezzarlo, a dire che siete fatti l'uno per l'altra e che vi completate. Ma questo atteggiamento non ti farebbe crescere, perché continueresti a delegare all'altro l'appagamento dei tuoi bisogni interiori e non ti sentiresti spinta verso il cambiamento. Inevitabilmente, arriverebbe il momento in cui, dopo aver goduto delle sue qualità migliori, senza averle integrate in te, inizieresti a notare i suoi difetti. Cominceresti a lamentarti e a soffrire per tutto ciò che non sopporti di lui, senza comprendere che anche quei lati del suo carattere sono parte dei tuoi riflessi, aspetti di te che non hai ancora accettato e che tendi a rifiutare o negare.

Allo stesso modo, quando un uomo sceglie una donna perché vede in lei la dolcezza, la forza, la passione, in realtà sceglie colei che gli indica la via per sviluppare quelle stesse qualità dentro di sé.

Se dovessi chiederti: perché hai scelto lei? Perché hai scelto lui?

Tu mi risponderesti: *Per amore!* oppure *Per passione!* oppure *Perché mi piace il suo...* elencandomi una serie di qualità positive.

Come spiego nelle conferenze che trattano le attrazioni emotive e nel corso di secondo livello, spiegando del *Guardiano di Porta* e del *Mastro di Chiavi*, il legame affettivo, passionale, sessuale è l'amo, è ciò che ti tiene ancorato all'altra persona, ma il reale vincolo è inconscio ed è la necessità l'uno per l'altra di riconoscersi come strumenti per l'evoluzione.

Per questo le relazioni non sono mai soltanto incontri sentimentali, sono palestre di vita e occasioni di crescita. Grazie a questi incastri, a questo intreccio di emozioni, affinità e conflitti, hai l'opportunità di specchiarti, di scoprire nuove sfaccettature di te e di rivelare un'immagine più completa e autentica di chi sei davvero.

Non si tratta più di delegare all'altro il compito di colmare vuoti o di renderti felice, soddisfacendo bisogni superficiali, ma di riconoscere e sviluppare dentro di te le qualità che ammiri nell'altro e le risorse che ancora sono sopite in te.

A questo punto, potresti farmi la seguente osservazione:

Non esiste solo la passione e la sensualità. Io ho scelto lui/lei perché è posato/a, tranquillo/a, mi dà fiducia, stabilità e sicurezza!
Che risposta ti aspetti?

Vorresti sentirti dire che la tua scelta è più corretta rispetto ad altre perché è stata ragionata?
Anche quando credi di scegliere il tuo partner con la logica e la razionalità, lo stai facendo per difenderti dalle tue stesse paure.
Anche quando dovessi essere consapevole del tuo bisogno di stabilità e sicurezza, ignori che anche l'Inconscio gioca il suo ruolo e che, tra tante persone assennate e affidabili, ti farà scegliere proprio quella che ti serve per far riaffiorare le tue ombre, i tuoi limiti, i tuoi bisogni più nascosti.
Non esistono, dunque, scelte "solo razionali" o "solo emotive"; ogni relazione è sempre un gioco di equilibrio tra conscio e inconscio, tra ciò che pensi di volere e ciò che davvero ti serve per crescere.
Davanti a te hai un'opportunità preziosa:

- entrare o essere in una relazione per lavorare su te stesso, crescere e migliorare, riconoscendo che l'altro riflette le tue luci e le tue ombre;
- lavorare su di te prima ancora di entrare in relazione, così da essere pronto ad accogliere un legame più armonioso, basato su maturità emotiva, rispetto reciproco e crescita condivisa.

Ignorare queste possibilità significa entrare in una relazione a occhi chiusi, senza consapevolezza. E quando questa manca, è facile salire sulle montagne russe emotive: ti esalterai nei momenti belli, attribuendo il merito al partner, ma soffrirai nei momenti difficili, accusandolo di essere sbagliato o inadeguato. In questa dinamica, facilmente punterai il dito contro l'altro, dimenticando che, quando lo fai, le altre quattro dita della tua mano sono rivolte verso di te.
Il vero gioco non è amare o essere amati, ma evolvere. Ogni relazione è un'occasione per trasformarti, e passare da ciò che sei a ciò che puoi diventare.

Chi sei?

Molte persone credono di conoscersi davvero, ma spesso confondono "chi sono" con "cosa fanno" o "cosa hanno".

Se avessi un partner, potresti dire che sei un compagno, un marito o una moglie; se avessi dei figli, diresti che sei padre o madre; se avessi una professione, ti potresti qualificare come avvocato, ingegnere, medico, artigiano, operaio ma, rifletti... tu non sei queste cose.

Tu non sei moglie o marito, madre o padre, professionista o artigiano... questi sono compiti, esperienze, attività che svolgi, ruoli che hai deciso di portare avanti... piuttosto dovresti dire che tu fai la moglie o il marito, tu fai la madre o il padre, tu fai l'avvocato o l'artigiano.

Fare non è essere.

Eppure, senza questi ruoli faticheresti a definire chi sei. Potresti affermare di essere una "persona" ma finiresti per descrivere il tuo corpo fisico e le caratteristiche che possiedi.

Ma tu hai un corpo... non sei il corpo! Tu possiedi delle caratteristiche, ma non "sei" le tue caratteristiche, perché potresti svilupparle, perderle o trasformarle!

Avere non è essere.

Allora chi sei veramente?

Sei la coscienza che osserva, sceglie, crea.

Tu non sei solo ciò che accade nella tua psiche (pensieri, emozioni, reazioni), sei ciò che la osserva, sei il testimone interiore che è sempre presente e che vede senza giudicare: "Sto provando rabbia", "Sto pensando questo", "Sto facendo questa scelta". Ma non solo osservi: scegli.

Hai la capacità di scegliere a quali pensieri dare più peso, su quali emozioni soffermarti, come vuoi reagire, dove vuoi andare. E nel farlo, crei: la tua identità, il tuo cammino, il tuo mondo.

Sei l'energia intelligente che vive, sperimenta e si trasforma pur restando sé stessa.

Sei la parte di te che rimane, sempre, anche quando i ruoli cambiano, anche quando il corpo invecchia, anche quando la vita ti porta in direzioni diverse.

Hai notato come sei cambiato negli anni, eppure riconosci di essere sempre te stesso? Eri bambino, ora sei adulto... cambiano le forme, cambiano i ruoli... ma tu rimani tu. Questo senso di continuità è la tua essenza.

Sei l'essenza che dà vita a tutto ciò che fai.

Tu sei colui che anima i ruoli, non sei il ruolo stesso. Non sei le attività che svolgi, ma colui che porta significato dentro quei ruoli. Non sei madre o padre, ma sei l'amore che esprimi nello svolgere quel ruolo, nel prenderti cura e nel donare. Non sei avvocato, artigiano o medico, ma sei la passione, la dedizione, la luce che metti in ciò che fai e l'impatto che lasci negli altri.

Il lavoro che fai, i legami che costruisci, i sogni che insegui... tutto prende forma dalla tua intenzione e dalla tua presenza. Ciò che fai ha valore proprio perché ci sei tu dentro, con il tuo sentire, la tua visione, la tua unicità. Quello che rende autentica la tua essenza non è cosa fai, ma come lo fai; come scegli di agire; come vivi ogni esperienza: puoi farlo distrattamente oppure essere presente in ogni momento con il corpo, la mente e il cuore; puoi parlare con qualcuno mentre pensi ad altro oppure ascoltare davvero, con attenzione e con il cuore aperto; puoi

andare sempre di corsa oppure gustarti ogni momento e farlo tuo.
E tu?
Con quanta presenza vivi quello che ti accade?
Con quanta verità sei dentro a ciò che fai?
Con quanto amore e con quanta attenzione guidi te stesso nel momento presente?
Di seguito, ti propongo un'esercitazione pratica per aiutarti a comprendere chi sei.

Esercizio: scopri chi sei ... al di là di quello che fai!

1. Prendi un foglio e scrivi "Io sono..." e completa la frase con i ruoli che ricopri oggi (es. madre, padre, studente, imprenditore, amico, volontario, pensionato).

2. Ora rileggi ciò che hai scritto e trasforma ogni frase da "Io *sono* madre/padre/professionista" a "Io *faccio* la madre/il padre/il professionista".
Soffermati nel notare la differenza: *fare non è essere*.

3. Dopo aver completato il punto precedente, poniti questa domanda: "Qual è la qualità che porto dentro i miei ruoli?"
Scrivi accanto a ogni ruolo le tue qualità. Ad esempio:

- Faccio la madre con cura e amore.
- Faccio il manager con organizzazione e creatività.
- Faccio l'amico con sincerità e lealtà.

4. Ora cancella i ruoli e rileggi solo le qualità che hai scritto: cura, amore, organizzazione, creatività, sincerità, lealtà...
Queste qualità ti appartengono a prescindere da ciò che fai o da chi hai intorno.

5. Rispondi di nuovo alla domanda "Chi sei?" scrivendo una frase che non contenga né ruoli né oggetti, ma solo la tua essenza. Ad esempio:

- "Sono un'Anima in cammino che porta amore, cura, creatività, organizzazione, lealtà in ogni esperienza".
- "Sono coscienza che sceglie e crea amore".
- "Sono energia che trasforma ciò che tocca".

Dedicare del tempo a indagare chi sei, al di là dei tuoi ruoli, delle tue azioni e dei tuoi doveri quotidiani, è un atto di profondo rispetto verso te stesso.
Ricorda che non sei solo ciò che fai, ciò che produci o ciò che gli altri si aspettano da te. Dentro di te esiste un centro fermo che non ha bisogno di conferme e che rimane stabile anche quando tutto il resto cambia. Tornare a questo centro, anche solo per pochi minuti, può aiutarti a lasciare andare tante rigidità e prese di posizione e a vivere con più presenza, leggerezza e coerenza.

Dagli archetipi alla personalità

Cosa sono gli archetipi?

Quando iniziai ad approfondire questo tema, m'immersi negli scritti di diversi autori, come C.G. Jung[22], J. Hillman[23], J. Campbell[24], M. von Franz[25], e dentro di me si ravvivavano alcune domande concrete:

A cosa mi serve conoscere gli archetipi?

Qual è il loro legame con l'essere umano e con l'esperienza quotidiana?

Allora non immaginavo che quelle domande mi avrebbero aperto un sentiero. Studiando, osservando e riflettendo, cominciai a scoprire che gli archetipi non sono idee astratte, invenzioni della fantasia, né simboli culturali: sono forze interiori, radici antiche presenti nella nostra psiche, sono matrici che plasmano pensieri, emozioni, scelte, sogni, persino i ruoli che interpretiamo nella vita e le nostre crisi.

Affronto in modo più tecnico il tema degli archetipi nei miei libri dedicati alla *Psicologia Subliminale*, ma qui posso dirti che è stato come mettere insieme le tessere di un puzzle: ogni autore, ogni intuizione, ogni esperienza personale e professionale aggiungeva un frammento. Così, passo dopo passo, dentro di me si consolidò una visione evolutiva dell'essere umano, che dall'archetipo conduce alla personalità. Da questa visione nacque il modello teorico della psiche e un metodo concreto, capace di accompagnare migliaia di persone, nei miei corsi di formazione, verso un cambiamento autentico, profondo e duraturo.

Scoprii, quindi, che gli archetipi sono grandi forze simboliche, immagini eterne, modelli universali che sono presenti in ognuno di noi, non perché li abbiamo appresi, ma perché fanno parte del nostro essere

---

[22] Jung, C. G. (2014). *Four archetypes*. Routledge.

[23] Hillman, J. (1997). *The myth of analysis: Three essays in archetypal psychology*. Northwestern University Press.

[24] Campbell, J. (2003). *The hero's journey: Joseph Campbell on his life and work* (Vol. 7). New World Library.

[25] Von Franz, M. L. (1999). *Archetypal dimensions of the psyche*. Shambhala Publications.

"umani". Sono figure che ritroviamo ovunque: nei miti antichi, nelle fiabe, nei film, ma anche nella vita di tutti i giorni.

Hai mai sentito una parte di te ribellarsi a tutto?

È perché in te c'è anche l'Archetipo del Ribelle.

Hai mai voluto aiutare gli altri a guarire?

È l'Archetipo del Guaritore.

Hai mai cercato risposte a un livello più profondo rispetto alla vita quotidiana?

È il Saggio.

Hai mai voluto perderti nell'amore, nella bellezza, nel piacere?

È l'Amante.

Non cadere, però, nell'errore di dire "Io sono ribelle" oppure "Io sono il guaritore". Ognuno di noi ha dentro di sé tutti gli archetipi, come attori di una compagnia teatrale, ma non tutti hanno lo stesso livello di sviluppo o di consapevolezza. Immagina gli archetipi come semi piantati nel tuo terreno interiore: non tutti germogliano allo stesso tempo o allo stesso modo.

Ad esempio, anche la persona razionale, organizzativa e decisionale ha dentro di sé il Ribelle che vorrebbe essere libero di comportarsi come desidera; anche la persona che si fida della mente lucida e del distacco emotivo ha dentro di sé l'Amante, che desidera perdersi nel piacere; anche chi è molto accondiscendente, arrendevole, remissivo, ha dentro di sé il Guerriero, che sa combattere e dire no. Solo che alcuni archetipi diventano dominanti rispetto ad altri in alcune fasi della vita (ad esempio, l'Eroe domina spesso nella giovinezza, mentre il Saggio emerge più facilmente nella maturità), o sotto l'influenza dell'educazione o esperienze personali. Questi archetipi dominanti guidano la trama della tua vita, mentre gli altri sono tenuti nell'ombra e, se ignorati troppo a lungo, possono manifestarsi attraverso disagi, autosabotaggi, reazioni inaspettate, crisi.

Un altro aspetto importante legato agli Archetipi, che ho compreso sempre più chiaramente nell'approfondire i miei studi, è l'intrinseca connessione fra Corpo e Psiche. Ciò che nel corpo si manifesta come bisogno istintivo (nutrirsi, proteggersi, riprodursi), nella psiche prende forma come immagine archetipica (la Madre, l'Eroe, l'Amante).

In questa interconnessione, gli archetipi sono l'espressione simbolica degli istinti nel mondo interiore della psiche.

Pensa, ad esempio, all'archetipo dei Genitori. Spesso appaiono nella mitologia come Re e Regina. Due figure complementari che non rappresentano solo il padre e la madre biologici, ma incarnano i due principi opposti del Maschile e del Femminile. Non si tratta di genere (maschio o femmina), ma di energie opposte e interdipendenti (Maschile e Femminile) che agiscono in ognuno di noi.

Quando queste due forze archetipiche s'incontrano e si armonizzano nasce la vita: nella relazione concreta tra esseri umani nasce un figlio; nel mondo interiore della psiche simbolicamente emerge un nuovo livello di coscienza, una nuova consapevolezza, una nuova maturità emotiva capace di vivere pienamente le parti del proprio sé, sia conosciute che ignote.

Nel racconto collettivo e mitologico, questo stesso incontro rappresenta la nascita del Sé, un "figlio" metaforico che simboleggia la crescita, la trasformazione, il potere creativo che scaturisce dall'equilibrio tra maschile e femminile dentro ognuno di noi.

Fin dal momento in cui i tuoi genitori ti hanno concepito, in te convivono energie opposte che, però, si completano a vicenda: quella femminile e quella maschile. È proprio dall'equilibrio tra queste forze che nasce e si sviluppa la tua vita, sia dal punto di vista fisico che psichico. Quando queste energie sono in equilibrio, ti aiutano a crescere in modo sano. Questo significa che il tuo corpo funziona bene e anche la tua mente è stabile e armoniosa. Inoltre, vuol dire che, pur ereditando un patrimonio genetico dai tuoi genitori, potrai sviluppare dentro di te qualità maschili e femminili diverse. Per esempio, potrai essere una persona decisa e forte, capace di prendere iniziative e affrontare le difficoltà (qualità tipiche del principio maschile), ma anche essere accogliente, premurosa, seguire il tuo cuore ed essere passionale (qualità tipiche del principio femminile).

Avere questo equilibrio ti permette di diventare una persona autonoma e indipendente, stare bene con te stesso e costruire relazioni sane con gli altri, senza cercare di dominarli o diventarne dipendente. Ad esempio, se litighi con un amico, l'energia maschile ti può aiutare a mantenere la tua posizione, a esprimere chiaramente la tua opinione e a mettere dei confini. L'energia femminile, invece, ti spinge ad ascoltare l'altro, a cercare di capire le sue ragioni e a mantenere l'empatia. Bilanciando consapevolmente le due energie, riusciresti a esprimere i tuoi bisogni senza ferire l'altro e, allo stesso tempo, mantenere aperto il dialogo per ricostruire la relazione. Anche prendersi cura della propria salute o del proprio benessere richiede sia energia maschile, che ti fa essere determinato e costante nelle azioni, come ad esempio seguire una dieta o fare esercizio fisico, sia energia femminile, che ti aiuta ad ascoltare i segnali del corpo e a rispettare i tuoi limiti senza giudicarti.

Questi esempi mostrano come maschile e femminile non siano solo “ruoli” o caratteristiche legate al genere, ma energie diverse che, insieme, ti aiutano a vivere in modo completo, equilibrato e sano.

Il problema nasce quando queste energie sono in conflitto tra loro, non armonizzate o estremizzate, ma potrai approfondire questi argomenti leggendo i miei libri dedicati alla *Psicologia Subliminale*, oppure partecipando direttamente ai miei corsi di formazione.

Partendo da questi concetti, nel tempo ho esplorato, osservato e cercato di comprendere come gli Archetipi possano spiegare le dinamiche consce e inconsce della psiche e manifestarsi attraverso tre forme simboliche fondamentali dell'Asta, Triangolo e Cerchio.

Studiando la mitologia, le tradizioni religiose arcaiche e le principali teorie psicologiche e psicodinamiche, giunsi alla consapevolezza che la Madre e il Padre sono le energie archetipiche primordiali da cui tutte le altre derivano. Nella psiche umana, infatti, ancor prima che emerga la consapevolezza di sé, l'essere umano fa esperienza delle due forze relazionali fondamentali: la Madre (che rappresenta fusione, unione, dipendenza, amore) e il Padre (che incarna separazione, direzione, distinzione, riconoscimento); allo stesso modo, tutte le grandi mitologie e le religioni iniziano la narrazione della storia umana con la presenza di una Dea Madre e di un Dio Padre e, laddove il principio materno viene rinnegato, represso o fortemente ridimensionato, la sua energia non si estingue, ma continua ad agire nell'ombra, trasformandosi in simboli carichi di ambivalenza: attrazione e paura insieme; fonte di vita e passione ma anche di peccato, vergogna, colpa.

Tutte le altre energie archetipiche emergono come combinazioni o variazioni delle due forze originarie, ad esempio l'archetipo del Bambino che nasce da Madre e Padre, quello dell'Eroe che prende forma nel momento in cui si distacca da entrambi i genitori per cercare sé stesso; l'Ombra che rappresenta ciò che viene represso o negato nel legame con loro; il Mago che emerge quando il principio femminile e quello maschile vengono integrati. Persino il Sé si realizza attraverso il processo continuo di riconciliazione e integrazione fra queste due forze primarie. La Madre e il Padre sono, dunque, il principio di tutto, sia nella nostra psiche che nella nostra storia di esseri umani.

L'Archetipo della Madre, o principio femminile, è spesso rappresentato simbolicamente dalla forma geometrica del triangolo con la punta rivolta verso il basso. Come ho scritto nei miei libri sulla *Psicologia Subliminale*, quest'associazione archetipo-forma non ha un unico autore, ma affonda le sue radici nei simbolismi religiosi preistorici, nell'alchimia, nell'esoterismo, negli scritti di C.G. Jung.

▽ Il triangolo - col vertice rivolto verso il basso - rappresenta la femminilità, l'accoglienza, l'intuizione, la potenza generativa, la capacità di contenere, nutrire e trasformare, la base stabile, ricettiva e radicata su cui costruire ogni cosa.

L'Archetipo del Padre, o principio maschile, è spesso espresso simbolicamente dalla forma geometrica del quadrato, dell'asta, della linea verticale, in opposizione e complementarità al principio femminile.

▯ L'asta, o linea verticale, invece, rappresenta il maschile, l'energia attiva e penetrante, la volontà, la direzione, il limite, la razionalità ordinatrice.

Se il triangolo contiene, l'asta penetra; se il triangolo accoglie, l'asta struttura.

L'immagine davanti a me divenne chiara: due energie, femminile e maschile, che sul piano biologico s'incontrano al momento del concepimento per generare un essere umano, donna o uomo. Ma anche due energie psichiche, preesistenti alla nascita, che operano come matrici interiori: il principio femminile o Archetipo della Madre o *Triangolo* e il principio maschile o Archetipo Padre o *Asta*.

Dunque, al momento del concepimento, ogni individuo riceve non solo un'eredità genetica biologica, il DNA, ma anche un'eredità psichica, archetipica, simbolica, che si conserva e si attiva nelle memorie dell'Inconscio.

Così mi domandai: come si combinano queste energie, biologiche e psichiche, nell'essere umano?

Questa fu un'altra domanda che aprì un varco alle mie ricerche e nelle osservazioni cliniche sull'animo umano.

Una donna, portatrice di energia biologica femminile, può manifestare in sé un'energia psichica di tipo maschile o femminile.

Allo stesso modo, un uomo portatore di energia biologica maschile, può incarnare un'energia psichica di tipo femminile o maschile.

Così si formarono i primi schemi teorici: ogni essere umano nasce donna o uomo, a seconda dell'energia biologica che lo struttura, e Triangolo o Asta, a seconda dell'energia psichica/archetipica predominante.

Queste combinazioni potevano essere così rappresentate:

Donna *Triangolo* o *Materna*: ▽

Donna *Asta* o *Paterna*: ▯

Uomo *Triangolo* o *Materno*: ▽

Uomo *Asta* o *Paterno*: ▯

Stava prendendo forma la Psicologia Subliminale... ed era il 1998.

Nei miei ragionamenti, nelle mie osservazioni cliniche, nei miei approfondimenti, notavo che alcune persone presentavano una forte coerenza interna tra energia biologica ed energia psichica: la Donna *Triangolo* e l'Uomo *Asta*. Queste configurazioni apparivano "compensate", in un equilibrio stabile, ove l'energia psichica femminile era radicata nel genere femminile e l'energia psichica maschile era radicata nel genere maschile.
Indicai queste configurazioni con due simboli riconducibili ad alcuni Archetipi e utilizzando il Cerchio come immagine di completezza, coerenza e integrità:

Donna:  *Triangolo/Cerchio* - La Custode, la Musa, la Sacerdotessa

Uomo:  *Asta/Cerchio* - Il Guerriero, il Costruttore, il Giudice

Entrambe queste configurazioni risultavano **autoreferenziali**, concentrate su sé stesse, stimolate da un mondo interiore ricco e coerente e da ciò che rappresentava la completezza, l'interezza, l'integrità (Cerchio). Meno inclini al cambiamento, si manifestavano piuttosto ***passive*** nei confronti dell'ambiente esterno. Il loro compito evolutivo era cercare di attingere alle energie psichiche del maschile o del femminile di cui erano "carenti" o, per meglio dire, che erano rimaste in Ombra. Pertanto, la Donna *Triangolo* era stimolata dalle energie del *Cerchio* ma poteva evolvere solamente se avesse integrato nella consapevolezza le sue energie maschili inconsce (Asta); l'Uomo *Asta* era stimolato dal *Cerchio* ma poteva evolvere solamente se avesse integrato in sé le energie del Triangolo.

Ciò che poteva spingerle al cambiamento e ricercare un nuovo equilibrio, quindi, erano l'Asta per la Donna Triangolo/Cerchio e il Triangolo per l'Uomo Asta/Cerchio.

Ma cosa accadeva nel caso della Donna *Asta* e dell'Uomo *Triangolo*?

In queste configurazioni emergeva una tensione, un'antitesi tra l'energia biologica e quella psichica, che poteva generare una scissione interna o un'integrazione tra le parti.

Utilizzai i seguenti simboli, riconducibili ad alcuni Archetipi:

Donna:  *Asta/Triangolo* - La Stratega, la Leader, la Giudicatrice che deve integrare e conciliare il femminile nella sua energia psichica, quindi integrare il triangolo.

Uomo:  *Triangolo/Asta* - Il Poeta, Visionario, Guaritore che deve integrare e conciliare il maschile nella sua energia psichica, quindi integrare l'asta.

A differenza delle precedenti, queste configurazioni sono **etero-referenziali**, aperte e orientate verso l'esterno, ***attive*** nella relazione con il mondo esterno. Il loro processo evolutivo passa prevalentemente attraverso il confronto con l'altro e le esperienze esterne.

Ad un certo punto, divenne chiaro che nella psiche della persona coesistevano tre simboli con tre funzioni differenti. Iniziai, perciò, a dare un nome a questa triade psichica:

ACCUMULATORE: rappresentato dal simbolo predominante - perché accumula ovvero conserva e trattiene energia psichica di un certo tipo, spesso legata a bisogni, emozioni, schemi radicati.

STIMOLATORE: associato al simbolo che attira le energie necessarie alla psiche per cercare un nuovo equilibrio. Agisce come catalizzatore interno che muove forze di trasformazione.

DETRATTORE: rappresentato dal simbolo che sottrae energia all'Inconscio, portando in superficie le Ombre, ciò che è rimosso o non integrato. È la forza che spinge al cambiamento, anche attraverso tensioni profonde o crisi evolutive.

Stava prendendo forma un modello teorico e simbolico che fonde Corpo-Psiche-Anima, biologia e archetipo, comportamento visibile ed energia sottile.

Non voglio addentrarmi qui in altri dettagli per non rendere pesante o difficile la lettura, ma se vorrai approfondire, ormai sai che potrai trovare le informazioni più specifiche negli altri miei libri.

Questa introduzione, però, è servita per farti comprendere com'è nata la *Psicologia Subliminale*, come ha preso forma e come da questi studi rudimentali, ho affinato negli anni il modello di funzionamento della psiche, il sistema delle *Chiavi Emotive* e le tipologie di personalità, le tecniche per lo sblocco emotivo e il percorso di evoluzione dell'animo umano.

Per riepilogare, ti basta sapere che al momento del concepimento, i tuoi genitori ti hanno dato in eredità un'energia biologica che struttura il corpo fisico e la sua sessualità, e un'energia psichica che struttura, appunto, la psiche, per cui potrai nascere:

Donna Triangolo/Cerchio, definita anche *materna*, oppure donna Asta/Triangolo detta anche *paterna*.

Uomo Asta/Cerchio o *paterno* oppure uomo Triangolo/Asta o *materno*.
Le diverse combinazioni hanno dato origine, come vedremo nei paragrafi successivi, alla tua griglia psicologica, alla tua tipologia di personalità, alla tua Chiave Emotiva.

La griglia psicologica

La griglia psicologica è la struttura di base su cui si costruisce la psiche. É la matrice che orienta il tuo modo di percepire il mondo, reagire agli stimoli, vivere le relazioni e costruire la tua identità. É la mappa che ti orienta nel percorso di evoluzione, che ti dà la direzione e la visione delle prove che dovrai affrontare nella vita.
Puoi immaginarla come un insieme di coordinate interiori rappresentate da tre simboli fondamentali - Triangolo, Asta, Cerchio - che hanno una funzione ben precisa e che si dispongono su tre assi principali:

***ACCUMULATORE* (*Io sono*):**

- È l'energia psichica dominante nella tua configurazione.
- Su di essa costruisci la tua identità e il senso di coerenza interna.
- La interiorizzi come punto di forza, spesso in modo inconsapevole.

***STIMOLATORE* (*Io voglio/Io ho bisogno*):**

- È l'energia psichica stimolante e attrattiva nella tua configurazione.

- Si manifesta nelle relazioni: la proietti negli altri e la cerchi fuori da te.
- È l'energia che ti attiva, che desideri, che ti manca.

***DETRATTORE* (*Io devo*):**

- È l'energia psichica latente, quella che non riconosci, eviti i rifiuti in te stesso.
- È l'energia che destabilizza l'equilibrio psichico, ma è anche la chiave del cambiamento.
- Integrarla nella coscienza sblocca e libera il tuo potenziale evolutivo.

La griglia psicologica non definisce solo chi sei oggi, ma delinea il cammino che sei chiamato a compiere per realizzarti pienamente.
Questa mappa può essere simbolizzata con le tre figure del Triangolo, Asta, Cerchio:

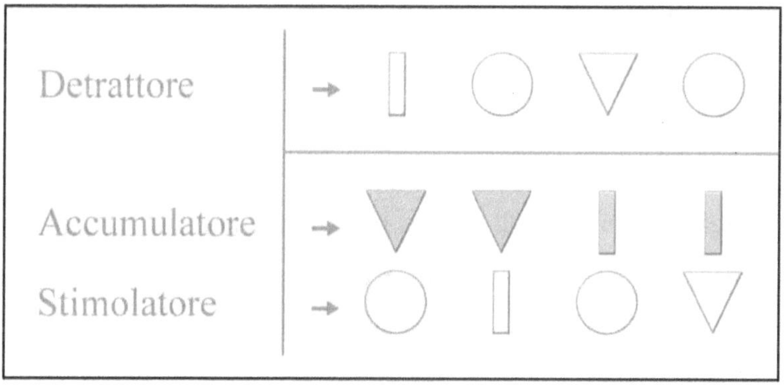

Queste configurazioni sono originarie (*genitoriali*) e danno vita a precise tipologie di personalità che, come vedrai dopo, definisco *Chiavi Emotive Base*.

Nel corso dello studio e dell'analisi della complessa griglia psicologica che compone l'essere umano, mi sono trovato inevitabilmente a indagare non solo la natura delle energie psichiche di base, ma anche il loro modo di attivarsi e intrecciarsi nelle nostre relazioni primarie, in particolare con i genitori reali, concreti, che hanno segnato i primi capitoli della nostra storia affettiva. É proprio in queste dinamiche familiari che si possono osservare i fili invisibili che legano la nostra interiorità al mondo esterno. Ogni nodo, ogni intreccio, ogni sottile filamento racconta qualcosa di noi... rappresenta un'emozione, un bisogno, un'esperienza precoce, una ferita o una risorsa, ed è attraverso questa rete che filtriamo le esperienze quotidiane, le relazioni, le decisioni, persino il modo in cui amiamo.

Abbiamo visto come alla base della struttura psicologica più profonda esista un'impronta archetipica originaria - *Triangolo* o *Asta* - in cui vi è la predominanza del principio femminile o maschile, che si attiva fin dal momento del concepimento. Da questa impronta si origina una griglia psicologica di *Base* - rispettivamente *Materna* o *Paterna* - ciascuna con caratteristiche specifiche di personalità.

A differenza di quanto sostenuto da altri autori[26,27,28,29] che escludono la vita prenatale dai loro studi e fanno risalire la formazione della griglia psicologica ai primi anni di vita, in relazione al legame con i genitori, la mia prospettiva si fonda sul concetto di **imprinting archetipico al**

---

[26] Bowlby, J. (1969). *Attachment and loss: Vol. 1. Attachment.* New York: Basic Books.
[27] Klein, M. (1932). *The psycho-analysis of children.* London: Hogarth Press and the Institute of Psycho-Analysis.
[28] Winnicott, D. W. (1965). *The maturational processes and the facilitating environment: Studies in the theory of emotional development.* London: Hogarth Press and the Institute of Psycho-Analysis.
[29] Benemeglio, S., & Benemeglio, A. (2007). *Il potere del segno. La comunicazione simbolica asta, cerchio, triangolo.* CISU.

momento del concepimento. Secondo questa visione, è proprio quell'impronta originaria, *Materna* o *Paterna*, a determinare il tipo di griglia psicologica che guiderà il nascituro verso determinate esperienze e non altre, e determinerà il modo di percepire, sentire e interpretare la realtà.

Dunque, non è la relazione con i genitori a formare la griglia psicologica, ma è la griglia stessa, già attiva in forma archetipica, a selezionare, filtrare e dare significato all'esperienza affettiva con le figure genitoriali.

In altre parole, non è l'ambiente a determinare chi siamo, ma è la nostra struttura profonda, modellata da un'impronta archetipica primaria, a determinare come vivremo l'ambiente.

Le relazioni affettive primarie con i genitori potranno sostenere, ferire, rinforzare o distorcere la griglia psicologica originaria, che subirà inevitabilmente i colpi e i contraccolpi della vita, ma non potranno mai modificare l'imprinting iniziale: chi nasce con una matrice *Materna* potrà evolvere la propria personalità, ma non si trasformerà mai in una matrice *Paterna*, e viceversa.

Questa non è una condanna né un limite, al contrario, è una chiave di accesso al tuo mondo interiore.

Comprendere il tuo disegno originario significa entrare in contatto con la mappa invisibile che guida i tuoi vissuti, le tue relazioni, le tue scelte. Conoscere questa mappa ti permette di riallinearti al tuo percorso autentico e dirigerti verso la piena realizzazione di ciò che, nel profondo, sei sempre stato destinato a diventare.

La griglia psicologica, dunque, non è un sistema statico; essa si trasforma, elabora le informazioni, "vive" insieme a noi emozioni, conflitti, traumi e, per mantenere un equilibrio interno, cerca costantemente di adattarsi, trovando un compromesso tra le esigenze interiori e ciò che il mondo esterno ci richiede. Questi adattamenti modellano la griglia psicologica tanto che, un occhio esperto, riesce a leggere in questa evoluzione i vissuti e le fratture interiori della persona. É in questo contesto che ho sviluppato le teorie dell'*Alterazione* e della *Commutazione* delle *Chiavi Emotive*, riscontrabili tanto nella struttura psichica della donna quanto in quella dell'uomo.

Schema delle otto Chiavi Emotive (lettura dei simboli in senso verticale):

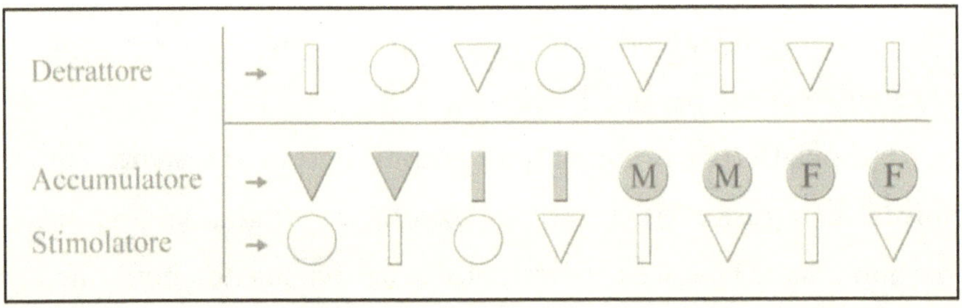

Queste *Chiavi Emotive* raccontano la modalità e il periodo in cui la griglia psicologica di ciascuno di noi ha dovuto piegarsi, deviare o trasformarsi per poter sopravvivere e adattarsi al contesto relazionale, affettivo e sociale.

E tu?

Sei curioso di scoprire qual è la tua *Chiave Emotiva*?

Ti sei mai chiesto perché vivi certe esperienze sempre nello stesso modo?

O perché, nonostante gli sforzi, alcuni schemi sembrano ripetersi nella tua vita?

Forse è arrivato il momento di dare un senso più profondo agli eventi che hai vissuto.

Conoscere la tua *Chiave Emotiva* significa entrare in contatto con l'impronta psichica che guida la tua personalità: non solo nei suoi aspetti visibili e comportamentali, ma anche e soprattutto in quelli invisibili, più sottili, ma incredibilmente influenti. Ti permette di scoprire i tuoi punti di forza, le tue fragilità, le tue risorse nascoste e... dare una direzione alla tua evoluzione.

Marco è riuscito a riconnettersi con la sua matrice profonda

Marco ha 42 anni. È un uomo brillante, preciso, affidabile, eppure, ogni volta che la vita gli offre un'occasione per emergere, come una promozione, un progetto personale, un amore autentico, qualcosa lo blocca. Come se, dentro di lui, si attivasse un allarme silenzioso, invisibile ma potente, che lo spinge a ritirarsi, mettersi da parte, sabotarsi.

Durante il percorso terapeutico, Marco inizia a raccontare di un'infanzia apparentemente normale, con genitori presenti ma emotivamente distanti.

Il padre, uomo severo e pragmatico, premiava solo i risultati, mai l'impegno.

La madre, dolce ma ansiosa, era iperprotettiva e poco capace di contenere i suoi vissuti interiori.

Analizzando la sua struttura di fondo, emerge una griglia psicologica originaria di tipo *Materno*: sensibile, empatica, orientata all'ascolto e al bisogno dell'altro. Tuttavia, l'ambiente in cui è cresciuto, fortemente orientato alla prestazione e al controllo, lo aveva spinto, tra gli 8 e i 12 anni, a "spostarsi" verso una modalità maschile, performativa e autocontrollata, incompatibile con il suo sentire profondo.

Per sopravvivere emotivamente e adattarsi al contesto, la psiche di Marco aveva deviato lo sviluppo della personalità, commutando la propria Chiave Emotiva da *materna* a *ego-maschio*.

Un meccanismo di adattamento che, nel tempo, aveva generato in Marco un conflitto interno costante tra ciò che era e ciò che aveva dovuto diventare.

Quel conflitto irrisolto ha sedimentato in lui una crepa identitaria e un'insicurezza di fondo che oggi si manifesta con un meccanismo di autosabotaggio.

Il suo percorso di evoluzione è stato interrotto da una trasformazione artificiale e una rinuncia di sé stesso. Marco, però, non ha bisogno di "correggere un difetto", né "diventare qualcun altro" per riuscire nella vita; piuttosto deve imparare a riconnettersi con la propria matrice profonda, per trasformare la sua vulnerabilità in forza e riallinearsi con ciò che è davvero: sensibile, intuitivo, capace di cogliere le sfumature emotive e generare valore, anche nel lavoro, anche nella leadership.

La terapia, in questo senso, attiva un vero e proprio processo di "ritorno al Sé", e la Chiave Emotiva si è rivelata uno strumento essenziale di orientamento e ri-connessione profonda.

Individuare la *Chiave Emotiva* di una persona significa riuscire a leggere la sua traiettoria psichica. Consente non solo di spiegare la formazione e lo sviluppo della personalità di ognuno, ma anche d'interpretarne blocchi, compensazioni, ferite e vie d'accesso per la trasformazione e l'evoluzione.

La tua Chiave Emotiva

Parlarti delle *Chiavi Emotive* significa entrare nel cuore pulsante della Psicologia Subliminale, là dove il visibile s'intreccia con l'invisibile, dove i comportamenti e le scelte rivelano le loro radici inconsce più profonde.
Per *Chiavi Emotive* intendo otto tipologie di personalità, ognuna delle quali rappresenta una specifica configurazione psichica: un insieme di atteggiamenti, schemi mentali, risposte emotive, che ciascun individuo costruisce nel tempo per adattarsi al mondo in cui vive.
Come vedremo, il luogo in cui sei nato, i genitori che hai avuto e le esperienze che hai vissuto, non sono eventi casuali, ma elementi di un disegno più ampio. Ciò che fa la differenza tra un percorso evolutivo e l'altro, non sono gli eventi in sé, ma come ognuno reagisce alle diverse situazioni, affronta le sfide, accoglie le prove della vita, a quanto si apre al proprio potenziale o lo ignora, lasciandolo inespresso.
Ad esempio, tutti possono avere una famiglia, un amore, un figlio, una vita più o meno agiata... ma è il modo in cui vivi tutto questo, le tue percezioni, la tua capacità di essere presente, le emozioni che esprimi, l'impronta che lasci, a definire davvero chi sei e a plasmare la tua personalità.
Ti ho spiegato nei paragrafi precedenti che l'adattamento non nasce nel vuoto, ma affonda le sue radici nella griglia psicologica originaria, *materna* o *paterna*. É a partire da questa matrice che ciascuno di noi inizia ad organizzare la propria identità, a interpretare e dare senso alla realtà, a sviluppare un modo unico di stare nel mondo.
Comprendere la propria *Chiave Emotiva* significa iniziare a rispondere a domande che, forse, ti porti dentro da sempre:
Perché reagisco sempre allo stesso modo in certe situazioni?

Quali forze guidano davvero le mie scelte?
Da dove nasce quel bisogno che non so spiegare?
Cosa cerco, in fondo, nelle mie relazioni?

Conoscere la propria Chiave Emotiva non è un esercizio mentale, ma un atto di consapevolezza. É uno strumento trasformativo che ti permette di riconoscere gli schemi automatici che ti governano e iniziare a scegliere in modo più consapevole.

Non si tratta solo di descrivere una personalità, ma di esplorare il dialogo continuo tra il mondo interno e quello esterno.

Ogni tipologia racchiude in sé una dinamica simbolica e, quando impari a leggerne i segnali, l'Inconscio comincia a raccontarti la tua storia con un linguaggio che puoi finalmente comprendere.

Ricordi quando abbiamo parlato della comunicazione non verbale? E dell'equilibrio psichico?

Ecco, tutto questo fa parte del linguaggio dell'Inconscio, fatto di tensioni emotive, sensazioni corporee, ricordi, reazioni apprese, condizionamenti antichi. Un linguaggio profondo che aspetta solo di essere ascoltato e compreso.

Rendere visibile l'invisibile è il primo passo. Solo così la conoscenza può diventare scelta e la scelta trasformarsi in cambiamento.

In questo orizzonte, si collocano anche gli studi sulla percezione subliminale: quei segnali che agiscono al di sotto della soglia cosciente e che, pur non essendo percepiti razionalmente, influenzano il nostro sentire, il nostro pensare, il nostro agire. Io li chiamo ***Stimolatori***: veri e propri **attivatori** profondi dell'Inconscio, capaci di risvegliare memorie sopite, emozioni rimosse, automatismi latenti.

Tornando al concetto delle Chiavi Emotive, come descritto nel primo volume sulla *Psicologia Subliminale*, tutto ha origine nel momento stesso del concepimento.

È proprio lì, in quell'istante originario in cui una nuova vita prende forma, che si genera un doppio imprinting strutturale: uno sul piano biologico, l'altro su quello psichico. Come a livello genetico viene determinato il sesso del nascituro, a livello psichico si definisce la matrice archetipica della sua personalità.

Questa matrice – *materna* o *paterna* – non è un semplice riflesso del ruolo biologico dei genitori, ma nasce dall'equilibrio energetico presente tra i due al momento della fecondazione: quando è l'uomo ad avere una carica energetica maggiore, rispetto alla donna, nel nascituro prevarrà l'Archetipo del Padre, dando origine a una matrice psichica di tipo paterno. Al contrario, quando è la donna ad avere una maggiore energia rispetto all'uomo, prevarrà l'Archetipo della Madre, e il figlio svilupperà una matrice psichica di tipo materno.

Questo imprinting originario attiva nel nascituro una sorta di *bluetooth* simbolico, un canale percettivo privilegiato verso tutto ciò che rappresenta il proprio Archetipo dominante, Asta o Triangolo.

È attraverso questa connessione sottile che il bambino, ancora prima di poter scegliere consapevolmente, riconosce il proprio ***Genitore Simbolo***: la madre, per chi è caratterizzato da una matrice psichica *materna*; il padre, per chi ha una matrice psichica *paterna*.

Quando parlo di *Genitore Simbolo* intendo la figura (genitore biologico o figura affettiva che ha cresciuto il bambino) che esercita l'influenza più intensa e diretta sulla formazione dell'identità psichica del figlio. É il genitore che, in modo del tutto inconsapevole, attiva e riflette l'Archetipo dominante nella psiche del figlio. È colui o colei che incarna, nel bene o nel male, le qualità primarie della matrice psichica originaria:

- Materna: accogliente o distruttiva
- Paterna: autorevole o autoritaria

diventando così lo specchio attraverso cui il bambino osserva, interiorizza e, nel tempo, trasforma quell'Archetipo dentro di sé.

Ad esempio, se possiedi una griglia psicologica *paterna* e sei cresciuto con un padre rigido e autoritario, potresti aver interiorizzato un modello altrettanto rigido sviluppando, di conseguenza, una personalità *paterna* "dura e controllante". Al contrario, se tuo padre è stato affettuoso, protettivo e presente, potresti aver sviluppato una versione più equilibrata e accogliente dell'Archetipo, dando forma a una personalità *paterna* "morbida e consapevole".

Allo stesso modo, se la tua matrice psichica è *materna*, è tua madre a esercitare l'influenza più profonda nello sviluppo della tua personalità. In base alla qualità del legame vissuto con lei, infatti, potrai evolvere in una personalità *materna* "centrata, nutritiva e stabile", oppure in una *materna* "soffocata", caratterizzata da eccessivo controllo emotivo, iper-accudimento o dinamiche fusionali.

E l'altro genitore?

Io lo definisco ***Genitore Sfondo***.

È la figura che non occupa la scena principale della psiche infantile, ma che costituisce lo sfondo emotivo su cui si proietta l'esperienza affettiva del bambino. Rappresenta l'atmosfera relazionale in cui il bambino impara a muoversi, a "leggere le relazioni", a intuire, ad esempio, se l'amore è sicuro o pericoloso, stabile o instabile, affidabile o imprevedibile.

Se il Genitore *Simbolo* incide in modo diretto sulla costruzione dell'identità, il Genitore *Sfondo* agisce più silenziosamente, ma non meno profondamente: è lui (o lei) a plasmare il modo in cui amerai, sceglierai i tuoi partner, ti aprirai o temerai l'intimità. Sono i suoi gesti, i suoi silenzi, la sua presenza, le attese a modellare la qualità delle tue relazioni future.

Ogni essere umano è il frutto unico di questo doppio movimento interiore: da un lato l'identificazione con il *Genitore Simbolo*, che definisce l'architettura profonda dell'identità, dall'altro il legame con il *Genitore Sfondo* che determina la qualità e la dinamica dei legami affettivi.

Comprendere come hai vissuto entrambi questi legami, significa fare luce sull'origine dei tuoi comportamenti ripetitivi, delle tue scelte affettive, dei tuoi conflitti interiori, delle tue paure più profonde e delle tue passioni più forti.

Significa iniziare a leggere il copione invisibile che guida il tuo modo di stare nel mondo.

Perché conoscere da dove vieni, ti aiuta a scegliere consapevolmente dove andare.

Esercizio Guidato: incontro con il tuo Genitore Simbolo

Questo esercizio non ha lo scopo di giudicare, etichettare o semplificare l'esperienza con i tuoi genitori, ma di aiutarti a comprendere in che modo la tua psiche si è modellata attraverso la relazione con le figure che hanno avuto un ruolo determinante nella tua crescita.

Non intende essere discriminatorio nei confronti di chi ha vissuto l'assenza di un genitore o è cresciuto in una famiglia separata o in una famiglia omogenitoriale.

In caso di assenza di uno dei due genitori (per morte, allontanamento o altri motivi), la psiche del bambino tende a costruire un riferimento simbolico nella figura sostitutiva che ha assunto un ruolo affettivo e di cura: può trattarsi di un nonno/a, uno zio/a, un fratello/sorella maggiore, il nuovo partner del genitore o altri adulti significativi).

Nel caso di famiglie omogenitoriali (con Genitore 1 e Genitore 2), al di là del genere biologico, si attivano comunque polarità archetipiche diverse poiché, spesso, una delle due figure incarna un ruolo più accogliente, contenitivo, materno, mentre l'altra un ruolo più strutturante, orientante, paterno.

Le polarità *materna* e *paterna* non si riferiscono al sesso biologico, ma al ruolo psichico e simbolico che i genitori hanno assunto nella relazione con il bambino. Possono, pertanto, manifestarsi in entrambi i generi e in qualsiasi configurazione familiare.

Per semplificazione testuale, in questo contesto si intende:

Madre = Genitore 1 o qualsiasi altra figura di riferimento che incarna la polarità archetipica femminile.

Padre = Genitore 2 o qualsiasi altra figura di riferimento che incarna la polarità archetipica maschile.

Iniziamo.

Prenditi qualche minuto per rispondere alle domande che seguono in modo spontaneo e senza giudizio. Le risposte non hanno bisogno di essere "giuste" o complete; questo è uno spazio di esplorazione interiore, non di analisi logica. Concediti il permesso di "sentire" cosa si muove in te.

Ora richiama alla mente il rapporto che hai avuto con i tuoi genitori, o le figure che per te hanno ricoperto quel ruolo. E rispondi:

- A quale dei due genitori ti rivolgevi spontaneamente, quando dovevi prendere una decisione?
- Dei due genitori, quale opinione t'importava maggiormente?
- Chi cercavi di non deludere?
- Il giudizio di chi ti feriva di più?
- Da chi avresti voluto ricevere maggiore attenzione e considerazione?
- Da chi cercavi approvazione?
- Quale dei due genitori senti più "presente" dentro di te, a livello emotivo?
- Quale delle due figure ha esercitato su di te un'influenza più forte e profonda?
- Da quale dei due genitori senti di essere stato ferito di più, anche in modo non intenzionale?
- Quando oggi senti il bisogno di telefonare ai tuoi genitori, anche se intendi parlare con entrambi, ti viene più naturale dire: "Devo chiamare mamma!" oppure "Devo chiamare papà!"?
- Se ti organizzi per andare a trovare i tuoi genitori, ti viene spontaneo dire: "Vado a casa da mamma!" oppure "Vado a casa da papà!"?

Indica il genitore che ha ricevuto la maggioranza delle risposte:

☐ Mamma/Genitore 1

☐ Papà/Genitore 2

Il genitore su cui hai apposto la crocetta rappresenta il tuo *Genitore Simbolo*.

Ora porta la tua attenzione su questo genitore. Se ti viene spontaneo o ti è più comodo, chiudi gli occhi.
Respira lentamente. Lascia che il corpo si rilassi e che la mente si acquieti.
Immagina di tornare indietro nel tempo e permetti ai ricordi di riaffiorare naturalmente.
Visualizza, senti e percepisci le scene del passato e i momenti di vita quotidiana vissuti accanto a lui/lei.
E poi, con calma, rispondi alle seguenti domande:

Come si comportava in generale questo genitore?
Era, ad esempio, gentile, disponibile, rassicurante, corretto, generoso, solare oppure imprevedibile, critico, chiuso, arrogante, diffidente, aggressivo, superficiale.
Oppure era solare in pubblico e freddo in privato.
Disponibile con gli estranei, ma distante con la famiglia.
Apparentemente gentile, al fine di ricercare il proprio tornaconto.

Come trattava te questo genitore?
In modo amorevole, affettuoso, protettivo, incoraggiante, rispettoso oppure indifferente, freddo, scostante, rifiutante, anaffettivo, autoritario, violento, critico, controllante, iperprotettivo.

Secondo la tua percezione, che considerazione aveva di te?
Ti stimava, ti valorizzava, credeva in te, ti considerava speciale oppure ti faceva sentire inadeguato, poco importante, un peso, una delusione, un errore.

Cosa rappresentava questo genitore per te?
Un rifugio, un modello, una guida oppure un giudice, un'ombra, un ostacolo.

Secondo te, cosa ti ha trasmesso?
Sicurezza, fiducia, coraggio, serenità oppure fragilità, insicurezza, rabbia, senso di vuoto, paura, frustrazione.

Mentre richiami alla mente questi ricordi, che sensazioni fisiche emergono?
Senso di leggerezza, pienezza, brividi, stanchezza, un buco nello stomaco, un nodo alla gola, una stretta al petto, tensioni alle spalle, mal di testa, un vuoto, nausea.

E a livello emotivo, cosa provi ripensando a questo genitore?
Gratitudine, fiducia, tenerezza, amore, forza, oppure rabbia, delusione, frustrazione, tristezza, confusione, insicurezza, o ancora indifferenza, risentimento, senso di colpa.

Ciò che hai espresso rappresenta ciò che il tuo Genitore Simbolo ha lasciato dentro di te, come traccia emotiva, anche a distanza di molti anni.
Scrivi ora quale emozione o ricordo, senti il bisogno di trasformare:

____

____

Ora è il momento della trasformazione.
Immagina di trovarti di fronte al tuo Genitore Simbolo.
Cogli l'opportunità di dirgli ciò che hai sempre tenuto dentro.

Quelle parole che, per mille motivi, non hai mai pronunciato.
Lascia che le parole emergano, senza filtri, senza giudizio.
Dì ciò che hai bisogno di dire e fai ciò che senti il bisogno di fare.
(pausa)
Ora, perdonalo per le sue mancanze e poi ringrazialo per quanto ha potuto fare per te.
È il momento di sciogliere le catene del passato, ripulire la mente e il cuore dalle scorie emotive che hai portato con te troppo a lungo.
È il momento di rigenerarti con emozioni nuove, più libere, più leggere, più vere.

Come esseri umani, non scegliamo le nostre origini, ma possiamo scegliere chi diventare e in che modo vivere la vita.

Alterazioni e Commutazioni delle Chiavi Emotive

Nel processo di crescita e costruzione della personalità, le prime relazioni affettive, in particolare quella con il Genitore S*imbolo*, e la dinamica della triade madre-padre-figlio, giocano un ruolo fondamentale.
È proprio all'interno di questa triade che le *Chiavi Emotive* originarie (definite *genitoriali*) possono evolvere, distorcersi o cristallizzarsi in forme diverse da quelle iniziali.
In origine, ogni individuo possiede una *Chiave Genitoriale Base* strettamente connessa alla propria matrice psichica originaria - *materna* o *paterna*.
Le esperienze emotive, poi, vissute con i genitori possono determinare due passaggi fondamentali nello sviluppo della personalità:

ALTERAZIONE delle Chiavi Genitoriali.
Processo di adattamento che può subentrare nei primi otto anni di vita, a causa di dinamiche disfunzionali, per cui la personalità con *Chiave Genitoriale Base* può alterarsi e modificarsi in personalità con *Chiave Genitoriale Alterata*.

COMMUTAZIONE delle Chiavi.
Secondo processo di adattamento all'ambiente familiare, che può sopraggiungere tra gli otto e i 12 anni, per cui la personalità con Chiave *Genitoriale - base* o già *alterata* – si modifica, in personalità con Chiave *Ego*.

Queste trasformazioni non sono evoluzioni naturali, ma rappresentano deviazioni dello sviluppo della personalità, forme d'adattamento all'ambiente, risposte difensive sicuramente più lontane e disconnesse dalla propria identità originaria.
Ed è così che si sviluppano otto profili di personalità, ciascuno con la propria storia, la propria direzione, il proprio modo di sentire, reagire e relazionarsi con il mondo.
Una di queste otto tipologie... è la tua!
Ciascuna Chiave Emotiva è definita da tre caratteristiche fondamentali:

CODICE
Può essere *attivo* o *passivo* e indica il modo in cui la persona tende a reagire al mondo: se agisce con iniziativa e slancio oppure se preferisce adattarsi, osservare o trattenersi. In termini simbolici, rappresenta la direzione che prende l'energia psichica: verso l'esterno, con impulso e iniziativa, oppure verso l'interno, con riflessione e contenimento.

STRUTTURA

Può essere *base* o *alterata* e descrive il grado di connessione con la matrice originaria. La persona che possiede la Chiave con Struttura Base ha conservato la connessione emotiva con sé stessa, con i propri bisogni profondi e agisce secondo il proprio sentire; la persona che ha la Chiave con Struttura Alterata ha dovuto, per necessità di adattamento, attivare strategie razionali difensive e tende a pensare per proteggersi, a filtrare la realtà con la mente analitica, a reprimere le emozioni.

COMPOSIZIONE

Può essere *monopolare* o *bipolare* (da non confondere con il disturbo bipolare clinico) e racconta la complessità della dinamica interiore con cui la persona oscilla tra due tendenze, spesso senza riuscire a integrarle.

La combinazione di queste caratteristiche aiutano a descrivere più nel dettaglio la personalità di un individuo:

- lo stile di pensiero e l'atteggiamento mentale;
- le modalità relazionali e i comportamenti più frequenti;
- la gestualità, il linguaggio del corpo;
- i vissuti emotivi, i punti di forza e le vulnerabilità;
- la visione della vita e le strategie con cui si affrontano le difficoltà;
- gli *Stimolatori* subliminali, ovvero quei segnali sottosoglia che attivano risposte automatiche dell'Inconscio.

Non entrerò qui nei dettagli tecnici, che potrai certamente approfondire negli altri miei libri dedicati alla *Psicologia Subliminale*, ma ti basta sapere questo: conoscere la tua Chiave Emotiva è come avere accesso al codice sorgente della tua personalità, che organizza il tuo modo di essere nel mondo. Un codice che non serve solo a spiegare chi sei... ma a liberare chi puoi diventare!

Prima ti porto in macchina, poi ti do la patente

Come s'intraprende un percorso di risveglio interiore?
Proprio come impari a guidare: prima ti siedi accanto a chi ha già percorso la strada, osservi, ascolti, fai esperienza. Poi, un passo alla volta, cominci a prendere in mano il volante. All'inizio può sembrare difficile: troppe informazioni, troppi segnali da decifrare; ma è solo una fase. Per guidare te stesso nella vita, non basta conoscere la teoria: serve fare pratica, giorno dopo giorno, nel traffico delle emozioni, nelle curve della mente, nei silenzi del cuore.
Questo libro, pur rimandando a testi più esaustivi e a percorsi formativi più completi, può essere visto come un primo corso di scuola guida interiore. Ti offre una mappa, alcune regole fondamentali della strada psichica e qualche esercizio pratico. Ma non è la destinazione. È l'inizio del tuo viaggio.
Per portare davvero questa guida nella tua quotidianità, servono ancora alcuni concetti fondamentali. Quelli che ti aiutano a passare dalla teoria all'esperienza, dalla consapevolezza all'azione.
Sto parlando di quattro verbi che funzionano come leve e specchietti della tua guida interiore:

1. Ascoltare
2. Scegliere
3. Agire
4. Vedere

ASCOLTARE: il silenzio che apre la strada

Prima di partire per il tuo viaggio interiore, devi ascoltare.
Ascoltare non è semplicemente udire suoni e parole, è presenza; significa affinare l'attenzione, uscire dal pilota automatico per rientrare in contatto con te stesso, con ciò che vivi dentro... in questo preciso momento.
Ascoltare è rallentare.
É fare silenzio.
É fare spazio dentro di te, per percepire ciò che si muove sotto la superficie dei tuoi troppi pensieri: emozioni, tensioni, intuizioni, conflitti, bisogni dimenticati, contraddizioni.
E allora... fai un respiro profondo...
Fermati un attimo.
Chiudi gli occhi e... ascolta!
Ascolta le sensazioni del tuo corpo: il battito del tuo cuore, il ritmo del tuo respiro, il peso del tuo corpo sulla sedia, il calore o il freddo dei tuoi piedi, delle tue mani.
Ascolta il brusio della tua mente che, a poco a poco, lascia spazio ad un silenzio denso e vivo.
Ascolta le emozioni che emergono dal profondo. Forse non riuscirai a dare loro un nome, ma potresti sentire un nodo alla gola, un senso di vuoto nello stomaco, una tensione sulle spalle. Ascolta senza voler correggere, senza giudicare. Solo osserva.
Nel silenzio riemerge la verità.
Una verità che racconta di successi, soddisfazioni, traguardi raggiunti, ma anche di desideri repressi, rinunce, sogni non realizzati, bisogni messi a tacere per compiacere gli altri. Una verità che ti parla di paure

non affrontate, frustrazioni, senso del dovere, abitudini che ti spengono, emozioni a cui non hai mai dato pienamente voce.

Spesso, proprio nel silenzio, emerge ciò che hai sempre saputo... e che, proprio per questo, non hai mai voluto ascoltare davvero.

Questo è il primo passo del viaggio: non fare o cambiare, né migliorare.

Solo ascoltare.

Ascoltando ciò che emerge dal silenzio, puoi già intravedere la leva emotiva che oggi guida la tua vita.

La leva emotiva è la spinta che orienta le tue scelte, le tue reazioni, il tuo modo di vivere.

É la motivazione che ti spinge ad agire.

Cosa ti sta motivando in questo momento della tua vita?

Il piacere?

La mancanza?

Il senso del dovere?

Il bisogno di riscatto?

La paura?

Forse agisci spinto dal piacere, dal desiderio autentico di creare, esprimerti, realizzare ciò che ami, vivere nella passione e nella libertà.

Forse ti muove il senso del dovere, ciò che "si deve fare", i ruoli imposti, le aspettative familiari o sociali, che ti spingono a recitare una parte che non hai mai scelto davvero.

Oppure, senza nemmeno accorgertene, è la sofferenza a guidare il tuo cammino: paure non risolte, ferite ancora aperte, vecchi meccanismi di difesa che continuano ad attivarsi ma che non ti proteggono più.

A volte, ti accorgi che continui a fare, dare, correre... non per amore, ma per mancanza: per riempire un vuoto, per non restare solo, non deludere, sentirti visto, considerato, amato.

Oggi le neuroscienze ci confermano ciò che la psicologia ha intuito da tempo: quando devi prendere una decisione, nel cervello si attiva un circuito complesso che integra controllo cognitivo, motivazione e segnali di ricompensa[30]. L'aspetto più interessante di questi studi è che le tue scelte non sono dettate dalla sola razionalità, ma dall'elaborazione inconscia degli "stimoli mnestici". In parole semplici, agisci in base a ciò che hai appreso, a ciò che ti è familiare, a ciò che sei abituato a fare... anche quando quel comportamento non ti ha mai davvero aiutato, anzi, ti ha provocato dolore e sofferenza.

Questo meccanismo si chiama "fisiologia riflessa dell'emozione"[31]: una risposta automatica che si attiva per proteggerci, ma che non distingue tra un pericolo reale e uno immaginato. Ti difende anche da ciò che oggi dovresti accogliere e non allontanare.

Pensa alle decisioni più significative che hai preso finora: un matrimonio, un figlio, un percorso di studi, la tua carriera...

Cosa ti ha spinto a compiere queste scelte?

Non ti sto chiedendo se siano state giuste o sbagliate.

Erano probabilmente le scelte migliori che potessi fare in quel momento, con la maturità e il livello di consapevolezza che avevi.

Il punto non è cosa hai scelto.

Ti sto chiedendo perché hai fatto quelle scelte.

Perché ti sei sposato? Oppure perché ti ritrovi solo?

Perché hai voluto un figlio?

Perché fai il lavoro che fai?

---

30 Weinstein, A. M. (2023). Reward, motivation and brain imaging in human healthy participants–A narrative review. *Frontiers in behavioral neuroscience*, *17*, 1123733.

31 *ibidem*

Alla base di ogni scelta, anche quelle più razionali, c'è sempre un'esigenza inconscia, un bisogno emotivo di cui probabilmente non hai consapevolezza.

La tua vera scelta non sono il matrimonio, la casa, il figlio o il lavoro, ma ciò che quelle cose rappresentano per te. É il bisogno che quelle cose promettono di soddisfare: il bisogno di sentirsi amati, compresi, protetti, il bisogno di appartenere o affermarsi, il bisogno di libertà o di approvazione, la paura di restare soli o di fallire, il bisogno di riscattarsi o di dimostrare qualcosa a qualcuno.

Quindi, ascolta ciò che si muove dentro di te.

Lascia che emergano le sensazioni, anche se non sono "coerenti" con l'immagine che hai di te, anche se fa paura. Perché solo quando riconosci la tua leva emotiva, puoi capire la tua motivazione. E solo allora puoi agire e interrompere consapevolmente il copione che ripeti da anni come un disco rotto. Ma sappi che tra la motivazione e l'azione vi è la scelta.

SCEGLIERE: il potere silenzioso che cambia tutto

Scegliere è un verbo potentissimo.

Scegliere cosa dire... o cosa tacere.

Scegliere cosa mangiare... o cosa evitare.

Scegliere se andare... o restare.

Scegliere se agire... o fermarsi.

Scegliere se amare... o chiudere il cuore.

Ogni giorno scegli.

Scegli chi essere, come reagire, dove andare; cosa tenere e cosa lasciare.

Ma attenzione: scegliere senza comprendere cosa realmente motiva le tue azioni, non è una vera scelta, è solo un'abitudine, un riflesso, un copione già visto.
Scegliere davvero significa decidere di rendere reale ciò che senti dentro. Questo non accade per caso, né per fortuna né in automatico; richiede un vero atto di consapevolezza che nasce dall'essere presente a te stesso e dal coraggio di affrontare ciò che emerge dal profondo, nel momento esatto in cui vorresti scappare.
Devi concederti spazio e tempo per sentire davvero.
Devi accogliere le tue paure, guardare in faccia le tue abitudini, i condizionamenti, i limiti, perché, se continuerai a soffocare ciò che provi, sarà il tuo passato a decidere per te. Peggio ancora, potresti lasciare che siano gli altri a scegliere al posto tuo... magari credendo che i tuoi genitori, il partner, gli amici sappiano cosa sia giusto e meglio per te. La verità è che nessuno può scegliere per te.
Quando davanti ad un bivio, fai decidere la tua strada a qualcun altro, gli stai consegnando le chiavi del tuo futuro e della tua felicità. Bivio dopo bivio, ti trovi a percorrere strade che non conosci, a vivere in funzione degli altri e del bisogno di approvazione e conferma... fino al punto che ti senti perso e solo. Non sai più neanche cosa vuoi, perché non lo hai mai davvero scelto.
E sai cosa succede?
Chiedi agli altri di fare qualcosa per te, per renderti felice. Chiedi di essere amato, considerato, apprezzato, sostenuto, protetto, rispettato, mentre arrivi persino a elemosinare affetto, gioia, attenzione. Odi te stesso per averlo permesso; magari odi anche gli altri perché a un certo punto hanno scelto la loro strada e non hanno avuto più tempo per te...

e magari te la prendi anche con il destino che ti ha riservato tanta sofferenza!

La verità è che tutto questo è stato generato dalla tua inconsapevolezza e dal tuo "non scegliere"!

Finché non avrai curato il rapporto con te stesso e sbloccato le ferite emotive che porti dentro, non potrai raccogliere davvero ciò che meriti.

Quando avrai imparato a stare con te e a riconoscere il valore del tuo percorso, allora potrai ricevere dagli altri ciò che desideri con tutto il cuore... perché questo sarà il riflesso di ciò che già è sbocciato dentro di te.

Allora, smetti di delegare e, soprattutto, smetti di procrastinare!

Ogni giorno in cui rimandi e non scegli, in realtà stai facendo la scelta di restare fermo. Ma restare immobile non ti protegge dalle difficoltà, non ti avvicina alla meta, ti ruba solo tempo, opportunità, e serenità.

Quante volte ti sei detto:

Non è il momento!

Non sono pronto!

Adesso non posso permettermelo!

Lascia che ti dica una cosa semplice ma fondamentale: il momento perfetto non esiste.

Non esiste un giorno in cui tutto sarà chiaro, ordinato, facile, sicuro.

Non esiste il momento in cui tutti saranno lì ad applaudire, perché spesso la tua scelta non sarà neanche così eclatante; a volte sarà un "no" deciso che non avevi mai avuto il coraggio di dire, o un "sì" che aspetta da anni di essere pronunciato, fatto sta che quando sceglierai, quella scelta non rappresenterà per te solo il momento in cui decidi cosa fare ma anche chi vuoi essere davvero.

La scelta che ti guida verso il cambiamento più autentico è quella che nasce dal tuo spazio interiore, dal luogo che hai liberato dalla paura, dalle finzioni e dalle aspettative.

Ti è mai capitato di sapere esattamente cosa servirebbe a qualcuno per stare meglio? Di vedere chiaramente la strada giusta per lui, eppure non poter far nulla? Lo vedi bloccato, perso, arrabbiato mentre si lamenta con te? Il desiderio di aiutarlo e "aggiustare" le cose è fortissimo. Ma non puoi farlo al suo posto. Quello che puoi fare, invece, è continuare a prenderti cura di te, a lavorare su te stesso perché, quando tu cambi, diventi l'esempio vivo di ciò che è possibile realizzare: la tua presenza può ispirare, smuovere, trasformare.

Ti parlo così perché ci sono passato anch'io. Non avrei mai potuto aiutare gli altri, nella vita e nella mia professione, se prima non avessi aiutato me stesso.

Io non mi sono chiesto se partissi svantaggiato o se fossi indietro rispetto agli altri; non mi sono confrontato e non ho chiesto approvazione. Non mi sentivo in gara, non avevo un traguardo da raggiungere né un tempo da rispettare.

Ho semplicemente scelto di partire... non solo fisicamente ma anche emotivamente.

Forse non avevo niente da perdere o forse avevo tutto da scoprire!

Così ho iniziato; un passo dopo l'altro, con coraggio e determinazione. Non ho chiesto conforto per il dolore fisico che ho provato e non ho chiesto ad altri di combattere le mie battaglie. Ogni scelta fatta con consapevolezza è stata una conquista. Ogni caduta, ogni salita, ogni ostacolo superato, mi ha forgiato.

E sai una cosa?

Anche tu puoi farlo.

Puoi iniziare ora, dal tuo punto di partenza, e avere il coraggio di guardarti dentro, scegliere e agire.
Io per te ci sono e voglio aiutarti a conquistare la tua libertà... non la libertà di fare tutto ciò che vuoi, ma quella di comprendere da dove nasce ciò che vuoi. Solo allora potrai scegliere davvero e agire.

AGIRE: dare forma alla tua verità interiore

Hai ascoltato. Hai compreso. Hai scelto.
Ora è il momento di agire.
La consapevolezza da sola non basta; senza l'azione non ha il potere di cambiare né di trasformare ed è come terra sterile.
Se non si traduce in azione, la scelta resta intenzione ed è come un seme mai piantato.
E i desideri, se non vengono coltivati con dedizione e coraggio, col tempo appassiscono e diventano rimpianti.
Il vero cambiamento inizia quando "hai capito", ma si concretizza e diventa reale quando incominci a mettere in pratica ciò che hai compreso: capire è importante, ma è il fare che ti trasforma.
Come con la patente: non basta superare l'esame di teoria, hai bisogno della pratica. É la strada che fa di te un guidatore!
Le intuizioni, le emozioni, le percezioni emerse dal tuo silenzio interiore sono fondamentali per orientare il tuo cammino, ma non aspettare di vedere tutto il percorso fino al traguardo per iniziare a muoverti; non attendere di avere tutte le risposte per agire; non aspettare di sentirti pronto al 100%, perché quel momento non arriverà mai. Non sarà mai tutto chiaro e definito, non sarai mai totalmente pronto!

La chiarezza nasce dal movimento, dal metterti alla prova, dal fare esperienza. Nonostante tu abbia una mappa, è camminando che ti orienti e comprendi la direzione da seguire; è rischiando che dai vita al tuo potenziale; è agendo che l'energia si attiva, le opportunità iniziano a presentarsi, le persone giuste si avvicinano e il tuo disegno prende forma e si struttura, diventando sempre più nitido e completo.

Non pretendere di fare tutto e subito, non serve! Fai un passo alla volta, quello che senti giusto per te.

Ogni giorno puoi scegliere di agire, anche nelle piccole cose che senti di fare:

Scrivere quella lettera che tieni dentro da troppo tempo.

Fare quella telefonata che continui a rimandare.

Dire finalmente ciò che senti.

Chiudere una porta rimasta aperta troppo a lungo.

Perdonare quella persona che ti ha fatto soffrire.

Iscriverti a quel corso che desideri da anni.

Prenderti uno spazio solo per te.

Un piccolo gesto può cambiare un'abitudine; una parola detta con consapevolezza può rompere una catena. Un "sì" autentico o un "no" liberatorio possono modificare la direzione della tua vita. E se dovessi sentire di non riuscirci... sappi che non sei solo!

Forse non cambierà tutto oggi, ma oggi sei già diverso. E quando inizi a cambiare tu, gradualmente cambia tutto intorno a te.

La chiave della trasformazione è la coerenza tra ciò che senti, ciò che pensi, ciò che dici e ciò che fai. Non è rigidità e non è perfezione. Non significa "fare sempre la cosa giusta", ma fare ciò che credi giusto per te, nel rispetto della tua evoluzione.

Ogni volta che percepisci una cosa, ne pensi un'altra, dici il contrario e poi agisci in modo ancora diverso, dentro di te si crea uno strappo, una dissonanza, un distacco tra il tuo mondo interiore e quello esterno. Questa distanza consuma la tua energia, t'indebolisce, ti disorienta, ti fa sentire inadeguato, in colpa, fuori posto.

Al contrario, quando sviluppi la coerenza, ottieni l'equilibrio e la stabilità; ti senti centrato, ti fidi di te, senti che stai andando nella tua direzione, anche se ancora non sai dove ti porterà. Vivi una sensazione d'integrità che non ha bisogno di approvazione esterna: tu sai di essere te stesso. **Essere coerente significa restare fedele a te stesso**, scegliendo il coraggio invece della paura, la verità invece della maschera, la responsabilità invece della fuga. La coerenza diviene la tua ancora nei momenti di scelta, la tua bussola nella confusione, nelle mareggiate e, ogni volta che agisci in accordo con ciò che senti dentro di te, ti conosci meglio, ti rispetti di più, rafforzi la tua identità e la tua autostima.

Cambiare la tua vita richiede presenza, impegno concreto e scelte consapevoli, ma non è un sogno da attendere passivamente, è un progetto da costruire giorno dopo giorno, con costanza, fede, verità e amore.

VEDERE: quando il cambiamento è reale

Dopo l'ascolto, la comprensione, la scelta e l'azione, arriva il momento cruciale di vedere.

Vedere non è semplicemente guardare ciò che accade fuori. Vedere rappresenta il momento in cui inizi a toccare con mano il cambiamento, a riconoscere i frutti delle tue scelte.

Vedere è iniziare ad osservare te stesso oggi e accorgerti che non sei più quello di ieri: sei cambiato, cresciuto e non sei più fermo al punto di partenza.

Vedere è smettere di guardarti con gli occhi del passato, per uscire dall'illusione di non essere mai all'altezza, di non aver fatto abbastanza, di dover dimostrare ancora qualcosa e iniziare, invece, a riconoscere il valore di ciò che hai compiuto.

Hai percorso tanta strada, affrontato ostacoli, sfidato la paura, superato prove, hai saputo lasciare andare e hai saputo costruire, rivelando le tue potenzialità.

Sii grato al tuo cammino, onora ogni passo e rispetta ogni caduta, perché solamente attraverso questo viaggio ti è stato possibile diventare una persona nuova, migliore.

Vedere è capire che oggi hai nuove consapevolezze, nuovi bisogni, nuovi confini e che il tuo cammino non è mai alla fine. Ogni giorno puoi imparare e ogni giorno puoi scoprire nuovi aspetti di te che prima non conoscevi.

D'altra parte, siamo Anime in cammino.

E ora che hai preso la patente, sei tu a guidare. Sei tu che puoi scegliere quando rallentare, fermarti, ripartire, dire "basta", accelerare, restare su un percorso o cambiare direzione.

In viaggio verso la spiritualità

Sì, siamo Anime in cammino.

In questo viaggio ti ho accompagnato fin qui per farti comprendere che non sei solo ciò che mostri agli altri, non sei soltanto pensieri, emozioni o percezioni; non sei la somma dei tuoi ruoli, né l'insieme dei tuoi successi o dei tuoi fallimenti.

Sei molto di più.

Dentro di te vive una presenza silenziosa, una coscienza più profonda che osserva senza giudicare, percepisce oltre i limiti dei sensi, guida lasciandoti libero di scegliere. Un'essenza che va oltre il tempo, oltre le maschere che indossi, oltre le ferite che hai subìto. Ed è proprio questa presenza che può guidarti nel viaggio verso la realizzazione di te stesso.

Non si tratta di una fuga dalla realtà, ma di un ritorno a casa, lungo un sentiero che conduce verso ciò che sei davvero. Ogni passo che compi ti avvicina sempre più al centro del tuo essere e alla scoperta del senso più ampio della vita. È un percorso di consapevolezza fatto di ascolto, connessione profonda e risveglio.

È importante, però, distinguere i due livelli di autorealizzazione:

1) REALIZZARSI NEL MONDO

A questo livello, autorealizzarsi significa cercare di affermarsi attraverso i ruoli sociali ricoperti e le capacità espresse nel lavoro, nella famiglia o nella società. È un processo che nasce dal bisogno di apparire, dimostrare, essere riconosciuti e si muove verso l'esterno, tendendo ad aggiungere sovrastrutture alla tua identità e ad allontanarti progressivamente dalla tua verità interiore. L'appagamento che ne deriva, per quanto soddisfacente, è condizionato da aspettative, bisogni e risultati. Per questo motivo, risulta instabile, momentaneo e illusorio.

2) REALIZZARE SE' STESSI

A questo livello, autorealizzarsi significa intraprendere un viaggio interiore per riconoscere e portare alla luce la propria essenza più autentica. È un processo di liberazione che non aggiunge qualcosa alla tua identità e alla tua vita, ma toglie ciò che le limita e le distorce. È un viaggio che dall'esterno muove verso l'interno e ti porta dall'illusione dell'ego alla verità dell'essere. In questo movimento, non c'è bisogno di dimostrare nulla, non hai necessità di convincere né di apparire: devi semplicemente essere te stesso.

Nel percorso evolutivo, è utile sperimentare entrambi i livelli di autorealizzazione, perché è solo attraverso l'esperienza diretta che puoi comprendere davvero e scegliere consapevolmente. Tuttavia, mentre il primo tipo di autorealizzazione avviene in modo piuttosto spontaneo, stimolato dalla cultura e dal sistema educativo e sociale; il secondo richiede un risveglio della coscienza. E, prima ancora, equilibrio psicofisico.

Le pagine di questo libro hanno voluto accendere una luce sul concetto di equilibrio e su quanto la vita possa essere messa alla prova da colpi e contraccolpi emotivi e da alti e bassi della salute fisica e mentale. Questi sbalzi possono dare a molti la sensazione di camminare in bilico su un filo sottile, oscillando costantemente tra il benessere e il malessere. Eppure, ora, puoi iniziare a comprendere che quella sensazione d'instabilità non è causata solo dagli eventi esterni, ma è anche il riflesso dell'equilibrio presente nel tuo sistema psicofisico: quanto più è stabile, tanto più percepirai centratura, lucidità e forza interiore. Al contrario, quanto più l'equilibrio s'incrina, tanto più emergono tensioni, blocchi, scompensi fisici e psicologici, e la sensazione d'instabilità diventa predominante.

Per vivere un autentico stato di benessere, è necessario, quindi, che ci sia armonia e coerenza tra ciò che senti, ciò che pensi e ciò che fai.

Quando il tuo mondo interiore è in armonia, infatti, puoi sperimentare una sensazione profonda d'integrità, che ti permette di essere soddisfatto di ciò che sei e di ciò che fai, indipendentemente da ciò che accade fuori di te.

Tuttavia, non basta godere del benessere emotivo e mentale, è indispensabile conquistare anche l'equilibrio fisico-organico.

È attraverso il corpo che percepisci, ti esprimi e agisci nel mondo. Quando il corpo è affaticato, sofferente o malato, anche la mente si annebbia, le emozioni si appesantiscono e ti senti distratto, trattenuto e disconnesso dalla realtà e dai tuoi impegni quotidiani. Solo un corpo sano e vitale può sostenerti pienamente, ti radica e ti fornisce l'energia necessaria per affrontare le sfide, superare gli ostacoli e dare forma concreta al tuo potenziale.

Il terzo elemento da tenere in considerazione, per vivere un'esistenza piena e consapevole, è la spiritualità.

Non è da intendersi, qui, come un sistema dogmatico o religioso, ma come una dimensione interiore, viva e profonda, che ti connette alla tua Anima.

In molte tradizioni, l'Anima è vista come la parte immateriale, eterna e pura dell'essere umano; il Corpo, invece, è la sua veste fisica, lo strumento, il veicolo attraverso cui l'Anima farebbe esperienza del mondo. Durante la vita terrena, il Corpo permetterebbe all'Anima di manifestarsi, mentre l'Anima darebbe vita e significato al Corpo stesso. L'Anima viene intesa, quindi, come quella parte dell'essere umano che va oltre il corpo fisico e la psiche ed è l'aspetto eterno che sopravvive alla morte fisica e che porta con sé le memorie di chi siamo stati.

Distaccandoci dalla religiosità, anche nella "psicologia del profondo" è presente il concetto di *Anima*.

Il termine non fa riferimento a un'entità metafisica o religiosa, ma indica il luogo interiore che sente, percepisce, intuisce e dà significato all'esperienza. Non è un concetto da dimostrare scientificamente, ma una realtà da esplorare e sperimentare.

Come ho spiegato nelle pagine precedenti, l'Anima può essere intesa come il nucleo centrale, l'essenza di chi siamo al di là dei ruoli sociali e dei cambiamenti. É ciò che rimane integro quando tutto il resto cambia ed è ciò che contiene il vero scopo della nostra esistenza.

L'Anima può essere concepita come una vibrazione sottile, una connessione viva, un'essenza senza forma che dà forma a tutto ciò che sei. Non segue la logica dell'ego, ma quella del cuore e della verità interiore. Quando riesci a percepirla e a riconnetterti con lei, inizi ad avere la percezione di non camminare più da solo, ma di essere accompagnato da una guida interiore che ti orienta, ti protegge e ti conduce verso ciò che sei venuto davvero a realizzare.

Equilibrio, dunque, tra Corpo-Psiche-Anima.

Volendo utilizzare una formula matematica, l'*equilibrio* potrebbe essere rappresentato da questa semplice addizione:

$$\mathbf{3 = 1 + 1 + 1}$$

***Uomo Triadico* = Corpo + Psiche + Anima**

Solo quando questi tre elementi iniziano a camminare insieme, il viaggio può trasformarsi in evoluzione autentica. Da questa forma di equilibrio nasce spontaneamente la cura e l'amore per te stesso: inizi, infatti, a portare la giusta attenzione al tuo corpo, al cibo che lo nutre davvero, ai pensieri che non ti distraggono e che ti radicano nel momento presente, alla qualità delle emozioni che vivi e alle relazioni che scegli di coltivare. Col tempo, ti accorgi di quante distrazioni e luccichii illusori sono presenti nel mondo e, facendo esperienza, puoi sviluppare anche maggior discernimento verso le cose, gli eventi e le persone.

Il viaggio verso la spiritualità, allora, smette di essere solo un cammino interiore e diventa uno stile di vita, un modo di vivere consapevole, coerente in ogni gesto, in ogni scelta, in ogni respiro.

In questo libro, il viaggio verso la spiritualità è partito da un punto concreto: la mia vita, la mia esperienza, lo studio dei sintomi psicologici, la necessità di trovare strumenti e strategie per risollevare l'essere umano da una condizione di squilibrio fisico, mentale ed emotivo. Abbiamo attraversato insieme le dinamiche inconsce della psiche, compreso l'importanza dello sblocco emotivo e dello svuotamento del silos dell'Inconscio per farti viaggiare più libero e leggero. Abbiamo viaggiato nel mondo degli Archetipi e delle otto tipologie di personalità, fino ad arrivare a comprendere che il riequilibrio emotivo, la salute psicofisica e l'adozione di uno stile di vita orientato al benessere, diventano il ponte che può aprirti alla dimensione spirituale. Una spiritualità intesa non come bisogno di rivolgersi a Dio per guarire o evitare la sofferenza, né come un insieme di regole che possano tenerti lontano da "tentazioni" e comportamenti nocivi, ma come un impegno concreto, continuo e costante verso te stesso, che ti permette di sviluppare la capacità di ascoltarti, sperimentarti e comprendere il senso del tuo percorso e il tuo scopo su questa Terra.

Solo quando arrivi a conoscere chi sei davvero, puoi realmente offrire il tuo autentico contributo al mondo, nel lavoro, in famiglia, nel sociale. Perché **non ti serve più *avere* ma *essere***. Inizi ad agire senza aspettarti qualcosa in cambio; con amore e rispetto, dedichi la tua attenzione, il tuo tempo, le tue energie agli altri, perché lo ritieni giusto e non per un tornaconto personale. Diventa poco importante cosa fai, ma diventa fondamentale come lo fai; ogni esperienza diventa uno strumento di crescita e tu hai il libero arbitrio di scegliere gli strumenti o i ruoli attraverso cui evolvere: una relazione, un figlio, una professione, un ruolo di guida e persino attraverso una malattia.

È un cambio di prospettiva radicale e illuminante, in cui entra in gioco un elemento fondamentale: il Tempo.

Il tuo tempo è limitato.

E nel tempo a tua disposizione, scopri che la riconnessione con la parte più profonda di te, non ti esonera dai problemi, non ti rende immune dalle difficoltà, né ti preserva dalle sfide della vita, ma può donarti la saggezza, la fermezza e il coraggio necessari per affrontarli, comprenderli e trasformarli in opportunità di crescita. Hai, quindi, l'opportunità di ringraziare per ciò che accade nel quotidiano, di piacevole o meno, perché tutto diviene uno strumento e ha il suo valore evolutivo... anche se non sempre ne sei consapevole.

E puoi anche scegliere di continuare a stare male per i torti subìti oppure perdonare chi ti ha ostacolato, sfruttato, tradito o ferito, per liberare te stesso dai vincoli del passato e fare ancora un passo avanti verso te stesso.

In questo tempo a tua disposizione comprenderai e sperimenterai che la vera spiritualità non è correre verso Dio ma ritrovarlo dentro di te.

Visualizzazione guidata: incontro con la tua Anima

In questa esperienza pratica, ti guiderò in una visualizzazione profonda che ti condurrà all'incontro con la tua Anima, quella parte di te che conosce il tuo cammino e lo scopo della tua esistenza.

Questa visualizzazione non è solo un esercizio immaginativo. È un vero e proprio incontro sacro con te stesso, un passaggio interiore che può aprire nuove comprensioni e risvegliare intuizioni.

Prenditi il tuo tempo. Scegli un luogo tranquillo. E quando sei pronto... lasciati guidare dalle mie parole. Fidati delle immagini, sensazioni, emozioni e simboli che emergeranno, perché rappresentano il linguaggio che la tua Anima utilizza per comunicare con te.

Iniziamo.

Porta l'attenzione sul RESPIRO.

Inspira lentamente dal naso... ed espira dolcemente dalla bocca.

Ancora una volta... inspira dal naso... ed espira dalla bocca, lasciando andare ogni tensione fisica.

Senti come questo movimento dell'aria, che entra ed esce dal tuo corpo, crea un massaggio profondo e naturale: rilassa gli organi interni, distende i muscoli e acquieta la mente.

Ora il respiro si fa spontaneo e naturale.

L'aria entra ed esce dal naso in modo continuo, regolare e sereno.

(pausa)

Porta ora l'attenzione sulla tua PERCEZIONE SENSORIALE.

Lascia che la tua consapevolezza scenda dolcemente fino ai piedi.

Percepisci i tuoi piedi:

Sono caldi o freddi?

Leggeri o pesanti?

Percepisci le sensazioni che emergono.

Ora sposta l'attenzione sulle gambe... e lascia che si rilassino.

(pausa)

Porta ora l'attenzione alle mani e percepisci la sensazione che hai.

Poi lascia che questa consapevolezza si estenda alle braccia.

Senti se sono pesanti o leggere, rilassate o contratte.

E lascia andare.

Ora fai risalire la tua attenzione lungo la colonna vertebrale, vertebra dopo vertebra, fino ad arrivare alla nuca.

Fai un respiro profondo.

Dalla nuca, lascia che la tua presenza si espanda nella testa.

Adesso espandi la tua presenza in tutto il corpo, dalla testa ai piedi.

Ascolta la sensazione di essere qui, radicato nel presente.

(pausa)

In questo stato di quiete e presenza, con gli occhi della mente visualizza davanti a te un ALBERO.

Osserva: è grande o piccolo?

È giovane o antico?

Osserva la sua chioma: è folta o rada? Che forma ha?

Osservane i dettagli.

(pausa)

E ora dimmi: quale sensazione ti trasmette questo albero?

Solitudine? Tristezza? Rabbia? Stabilità? Protezione? Forza?

(pausa)

Bene. Ora, lentamente, nella tua visualizzazione appare un SOLE.

Guarda la sua luce, il suo calore, la sua forma.

Osservane i dettagli... e ascolta la sensazione emotiva che ti dà.

(pausa)

Adesso, davanti a te, compare un oggetto magico: è la LAMPADA DI ALADINO.

Osservala. Com'è fatta?

Osservala in tutte le sue sfaccettature.

Ora, con un atto di volontà, strofina la lampada per far uscire il GENIO.

Osservalo mentre prende forma.

Come si presenta? Ha un aspetto umano? Mitologico? É divertente? È potente?

Guarda i suoi dettagli.

(pausa)

E ora percepisci la sensazione che ti dà questo Genio.

(pausa)

Ora chiedi al tuo Genio di far arrivare a te la tua Anima.

(pausa)

Da lontano una figura si avvicina a te: è la tua Anima.

Osserva le sue sembianze.

(pausa)

Percepisci la sensazione che ti dà questo incontro.

(pausa)

Osserva, percepisci, ascolta ciò che ha da dirti o da farti vedere.

(pausa)

Quando senti che è il momento, ringrazia la tua Anima per essersi presentata a te.

Ringrazia per quanto ti ha detto o fatto vedere.

(pausa)

Ora, salutala come ritieni più opportuno.

(pausa)

Lentamente, riprendi il contatto con il tuo corpo.

Fai un respiro profondo...
E quando ti senti pronto, apri lentamente gli occhi, portando dentro di te nuove conoscenze e nuove consapevolezze.

Da oggi non cammino più al buio: ho incontrato la parte di me che conosce la strada.

CONCLUSIONI

Siamo arrivati alla fine di questo nostro viaggio insieme, ma in realtà il cammino continua: da me a te. Continua nei pensieri che farai, nelle emozioni che proverai, nelle azioni che compirai, perché le parole di questo libro hanno smosso la terra del tuo Inconscio, creato un solco e lì si sono depositate. Nasceranno nuove radici e la strada che queste parole troveranno per germogliare, crescere e fortificarsi dentro di te sarà l'inizio del tuo cambiamento.

Ogni capitolo è stata una tappa significativa per accompagnarti sempre più vicino alla scoperta della tua vera essenza.

Ti ho raccontato la mia storia, i miei cambi di rotta, le riflessioni più intime, le prove affrontate, i successi conquistati. Quando ti ho parlato della mia infanzia, non l'ho fatto solo per aprirmi con sincerità, ma per offrirti un esempio reale e tangibile di trasformazione. La mia esperienza è la prima testimonianza concreta di come sia possibile riscoprire la propria interiorità e ritrovare sé stessi.

Ho scelto di condividere anche il racconto del mio incidente che, sebbene doloroso, si è rivelato la mia fortuna. È stato il mio punto zero, lo spartiacque tra ciò che ero e ciò che stavo per diventare. Proprio da lì ha preso forma un nuovo itinerario, fatto di consapevolezza, osservazione, sperimentazione e rinascita. È stato un vero incontro con la Luce, l'inizio della mia autorealizzazione professionale e della mia evoluzione come Anima in cammino. Un punto di svolta che ha dato senso a ogni passaggio della mia vita, trasformando la sofferenza in punto di forza, il limite in possibilità, il buio in comprensione.

In questo viaggio, abbiamo esplorato insieme le profondità della psiche e le sue sottili dinamiche. Hai scoperto come l'Inconscio si nutra di tensioni emotive attraverso la relazione con gli *11 elementi fondamentali* della tua vita. E che, quando il nutrimento emotivo è sano e genuino, l'Inconscio ti restituisce stabilità, chiarezza e benessere psicofisico; invece, quando, ciò che lo alimenta è fatto di rabbia repressa, paura, sensi di colpa, giudizi, può intossicarti, appesantirti e ostacolarti. In questi casi, l'Inconscio blocca il tuo processo di crescita, interrompe il fluire dell'energia vitale in te e t'incatena in schemi ripetitivi e autosabotanti. Il modo in cui nutri il tuo Inconscio è spesso radicato in abitudini inconsapevoli, ma è proprio lì che si gioca la tua possibilità di trasformazione. Diventare consapevole di ciò che fai sostare in te come pensiero, emozione o sensazione, è un vero atto d'amore verso te stesso ed è una chiave essenziale per conquistare un equilibrio profondo e duraturo.

Hai preso consapevolezza di come il tuo Inconscio comunichi costantemente bisogni, gradimenti, disagi o malesseri, attraverso segnali non verbali e paraverbali spesso impercettibili, ma chiaramente riconoscibili ad un occhio allenato.

Abbiamo, poi, varcato un'altra soglia importante: lo sblocco e la liberazione emotiva. Un processo graduale e consapevole in cui scegli di lasciare andare ciò che ti appesantisce, ti vincola, ti trattiene, ti blocca come ferite inascoltate, emozioni represse, pensieri limitanti.

Liberarsi emotivamente significa creare uno spazio interiore nuovo, in cui puoi finalmente sentire, comprendere e guarire. Ed è proprio in questo spazio che nasce un nuovo ordine, un nuovo equilibrio non più basato sul controllo ma sull'integrazione.

In questa direzione, hai compreso come lo sblocco emotivo sia uno strumento fondamentale, un passaggio imprescindibile per abbattere le mura interiori, superare i limiti autoimposti, ritrovare stabilità e un respiro più ampio. È il momento in cui la sofferenza si trasforma in guarigione.

Hai potuto capire come l'equilibrio interiore non è una meta da raggiungere una volta per tutte, ma è un impegno concreto, continuo e costante verso te stesso. Un cammino di presenza e responsabilità che ti conduce al risveglio, alla consapevolezza di essere molto più di un corpo che funziona o di una mente che pensa.

Sei fatto di Corpo, Psiche e Anima, e ognuna di queste tre dimensioni ha bisogno di ascolto, cura e armonia. Impegnarsi per creare e mantenere un equilibrio tra Corpo-Psiche-Anima è la chiave non solo per "funzionare", ma per vivere davvero. Perché, quando sono tutti e tre allineati in te, la vita acquista un sapore unico e irripetibile di pienezza autentica, fatta di emozioni sincere, sensazioni profonde e saggezza maturata attraverso l'esperienza.

Durante questo viaggio ho condiviso con te le storie di alcuni miei pazienti, esempi, aneddoti ed esercizi, non per dirti cosa fare, ma per aiutarti a ricordare chi sei davvero e per risvegliare in te la consapevolezza che il cambiamento è possibile ed è reale e che ha una direzione chiara e una chiave d'accesso ben definita.

Hai appreso come nasce e si sviluppa la personalità a partire dagli Archetipi, come si struttura la tua griglia psicologica e quali sono le sue caratteristiche fondamentali.

Da qui, il viaggio è proseguito verso la scoperta della tua *Chiave Emotiva*, una combinazione di simboli archetipici che svolgono un ruolo preciso nella tua psiche e che aprono le porte alla comunicazione profonda con il tuo Inconscio. E in questa comunicazione interiore, impari a riconoscere il vero valore delle relazioni non come semplici interazioni, ma come specchi della tua interiorità: le emozioni e le dinamiche, infatti, che si attivano nella coppia, con i figli, in famiglia, sul lavoro, nelle amicizie, alla fine parlano di te, di ciò che hai integrato e di ciò che è bloccato, non risolto e che ancora attende ascolto, guarigione o trasformazione. Le relazioni diventano, così, uno spazio sacro di consapevolezza, un laboratorio vivo in cui osservare le tue reazioni, far emergere le tue parti nascoste e crescere attraverso l'altro.

Ci siamo soffermati, poi, sull'importanza dei verbi *ascoltare*, *scegliere*, *agire*, *vedere*, riconoscendoli come strumenti guida per fare chiarezza sugli ostacoli che incontri lungo il tuo percorso di vita. Hai potuto riflettere più profondamente su ciò che ti blocca e su ciò che puoi trasformare, e su quali alleati concreti possono accelerare e amplificare il tuo processo di cambiamento interiore.

La spiritualità è stata l'ultima tappa del nostro viaggio: il momento in cui, riconoscendo chi sei oltre i ruoli, oltre le ferite e oltre le maschere, non puoi più ignorare la voce della tua Anima. È lì che la verità, finalmente, si rivela. Un incontro autentico con te stesso, dove tutto ciò che è superfluo cade e ciò che resta è la tua essenza più pura.

In queste pagine, ha preso vita il nostro viaggio ma, come ti dicevo all'inizio, il cammino continua: da me a te. Ora sei tu a guidare.

Io ho solo acceso alcune luci, tu puoi scegliere dove andare. Che sia nel tuo percorso di crescita personale, in una terapia, o anche solo in un momento di silenziosa riflessione... sappi che hai tutto ciò che ti serve per ricordare chi sei e per portare avanti il tuo progetto di vita con libertà, serenità e consapevolezza.

APPROFONDIMENTI

L'**Istituto Europeo di Psicologia Subliminale (IEPS)** propone un percorso di crescita personale strutturato per accompagnarti, in modo concreto e approfondito, lungo il cammino che abbiamo iniziato insieme in queste pagine.

Un'esperienza formativa che non si limita alla teoria, ma che ti guida nel processo di autoconsapevolezza e di evoluzione interiore.

Il percorso di formazione è articolato in sei livelli progressivi, ciascuno propedeutico al successivo, pensati per condurti, passo dopo passo, sempre più in profondità e verso una trasformazione autentica e duratura.

CORSO DI 1° LIVELLO

SCOPRI TE STESSO

Comprendi, sblocca, trasforma

https://www.ieps.it/corso/1-livello/

Il corso di primo livello rappresenta il punto di partenza del percorso formativo proposto dall'IEPS (Istituto Europeo di Psicologia Subliminale) ed è pensato per accompagnarti nel primo vero passo di consapevolezza e cambiamento personale.

Attraverso un approccio teorico-esperienziale, verrai accompagnato nell'esplorare il tuo mondo interiore per riscoprire, attivare e trasformare il tuo potenziale e imparare a conoscere te stesso in profondità: chi sei davvero, cosa ti blocca e quali risorse possiedi già per realizzare la vita che desideri.

Durante il corso, scoprirai il modo in cui hai nutrito il tuo Inconscio fino a oggi, comprendendo quali emozioni, pensieri e dinamiche abbiano generato in te squilibri, tensioni e disarmonie. Imparerai a decodificare il linguaggio dell'Inconscio, riconoscendo i segnali di gradimento, rifiuto, disagio e quelli archetipici che emergono nella comunicazione non verbale con te stesso e con gli altri. Affinerai, così, la tua capacità di comunicare in modo mirato ed efficace, migliorando le relazioni e la comprensione reciproca.

Uno degli aspetti centrali di questo corso, che hai già incontrato nel libro, è l'attivazione del processo di *sblocco emotivo*, realizzato attraverso immersioni guidate. Accompagnato da professionisti esperti, potrai entrare in contatto profondo con il tuo Inconscio e sbloccare carichi emotivi sedimentati: paure non affrontate, emozioni represse, sofferenze trattenute, conflitti irrisolti, tensioni psicofisiche e carichi emotivi accumulati nel tempo.

Questa fase permette di alleggerire il *silos* dell'Inconscio, liberandolo da ciò che ancora ti condiziona in modo inconsapevole, e ti apre alla possibilità di ritrovare maggiore equilibrio, lucidità, stabilità interiore e un rinnovato senso di centratura interiore.

In questo modo, passo dopo passo, i sintomi psicologici come ansia, paura, apatia, insicurezza, chiusura e i sintomi psicosomatici iniziano a perdere forza, lasciando spazio a uno stato di leggerezza, benessere emotivo, fiducia, serenità, vitalità e libertà espressiva.

Attraverso questo primo livello, inizierai a riconoscere e interrompere gli schemi ripetitivi che ostacolano le tue relazioni e influenzano le tue scelte, i tuoi pensieri, i tuoi giudizi e le tue reazioni, spesso in modo automatico e inconsapevole.
Farai anche luce sulle caratteristiche fondamentali della tua personalità, e comincerai a fare esperienza concreta di chi sei oltre le maschere, oltre le ferite, oltre i condizionamenti.
Questo primo livello rappresenta una svolta fondamentale nel tuo percorso di crescita: non solo ti fornisce gli strumenti per conoscerti in modo nuovo, ma ti offre anche un metodo pratico e sicuro per iniziare il tuo vero viaggio di trasformazione.

CORSO DI 2° LIVELLO
AMA SENZA LIMITI
Libera le tue risorse interiori e trasforma il tuo modo di vivere le relazioni
https://www.ieps.it/corso/2-livello/
Il corso di secondo livello del percorso formativo dell'IEPS rappresenta una tappa fondamentale nel tuo cammino di trasformazione personale. È stato concepito per guidarti nella comprensione profonda delle dinamiche relazionali inconsce che influenzano il tuo modo di amare, ricevere amore e costruire esperienze affettive durature e appaganti. L'obiettivo è chiaro: liberare le tue risorse interiori e restituirti la libertà di amare senza condizionamenti limitanti.
Durante questo corso, entrerai in contatto con le figure simboliche più significative della tua vita: i tuoi genitori. Attraverso i concetti di *Genitore Simbolo* e *Genitore Sfondo*, comprenderai il loro ruolo nella formazione della tua personalità e come i modelli educativi e affettivi

che hai interiorizzato abbiano plasmato la tua *Chiave Emotiva*, influenzando le tue relazioni presenti. Questo ti aiuterà a riconoscere e sciogliere i legami invisibili che, ancora oggi, t'imprigionano in dinamiche familiari non risolte.

Come nel primo livello, anche in questo corso vivrai intense immersioni guidate, esperienze di contatto profondo con l'Inconscio che ti condurranno allo sblocco emotivo, liberandoti da pesi emotivi del passato e da schemi ripetitivi che guidano verso il fallimento relazionale.

Un altro punto centrale sarà, quindi, l'approfondimento sulla relazione di coppia, vero specchio della tua interiorità. Attraverso i concetti di *Guardiano di Porta* e *Mastro di Chiavi*, comprenderai le regole dell'attrazione e repulsione emotiva, affettiva e sessuale, imparando ad attivare connessioni profonde e a costruire relazioni più sane, consapevoli e nutritive, partendo dalla relazione più importante: con te stesso.

Una sezione importante del corso è dedicata al benessere psicofisico e alla psicosomatica: perché non esiste evoluzione interiore senza una reale armonia tra mente, corpo ed emozioni.

La liberazione emotiva e il riequilibrio psicofisico saranno, infine, la porta d'accesso a una dimensione più ampia: la dimensione spirituale. Non si tratta di religione, ma della connessione viva con la tua Anima. Sarà proprio questa esperienza intima e profonda con la tua vera essenza che ti permetterà di dare significato e direzione alla tua esistenza.

CORSO DI 3° LIVELLO

RIPROGRAMMA IL TUO INCONSCIO

Sciogli i condizionamenti del passato e riscrivi la tua vita

https://www.ieps.it/corso/3-livello/

Il corso di terzo livello del percorso formativo IEPS rappresenta un incontro cruciale con te stesso, in cui decidi consapevolmente di guidare la tua vita, anziché lasciarti condurre dagli automatismi e dai condizionamenti del passato. In questo corso comincerai a comprendere quanto le tue convinzioni più profonde abbiano inciso sulla costruzione della tua "mappa del mondo", influenzando percezioni, pensieri, emozioni, scelte e comportamenti. Prenderai consapevolezza che molte delle tue credenze non ti appartengono davvero, non le hai costruite con la tua volontà, ma sono il risultato di un apprendimento inconsapevole, ambientale, culturale e familiare che ti ha abituato a guardare la realtà sempre dalla stessa prospettiva.

Comprenderai come questi meccanismi si siano radicati nella tua memoria inconscia e in che modo si siano insinuati nelle tue relazioni, nelle tue paure, nelle tue reazioni automatiche e persino nel tuo stato di benessere psicofisico.

Attraverso le immersioni guidate, sarai accompagnato in un processo di sblocco emotivo che ti permetterà di portare alla luce le tue credenze limitanti e i condizionamenti che, fino ad oggi, hanno ostacolato la realizzazione del tuo potenziale. Il lavoro di liberazione interiore che compirai ti darà la possibilità di riprogrammare un nuovo equilibrio dentro di te. Ti sentirai più leggero, centrato, in contatto con una rinnovata forza interiore, guidato da una bussola interna, capace di orientarti nelle sfide quotidiane con maggiore chiarezza, sicurezza e autenticità. Non si tratta, quindi, di un cambiamento teorico, ma di una trasformazione reale, tangibile, che si rifletterà sulla qualità della tua vita. Ridefinirai in modo spontaneo la tua scala di valori e inizierai a vivere relazioni più sane, comunicare con maggiore chiarezza emotiva e affrontare la vita con uno sguardo nuovo, più consapevole e allineato alla tua verità interiore.

CORSO DI 4° LIVELLO
LA RINASCITA
Viaggio interiore alla scoperta delle proprie origini
https://www.ieps.it/corso/4-livello/

Il corso di quarto livello del percorso formativo IEPS rappresenta un'esperienza intensa e liberatoria che ti permetterà di dare nuovo slancio, significato e coerenza al tuo cammino evolutivo. È un viaggio introspettivo alla scoperta delle origini della tua storia personale che ti aiuterà a riconoscere il legame tra le dinamiche della tua vita attuale e le memorie del tuo passato. In un'alternanza di insegnamenti teorici e immersioni guidate, entrerai nel mondo delle tue memorie inconsce e ripercorrerai la tua storia familiare, le fasi prenatali e persino livelli più sottili della memoria genetica e transpersonale. Scoprirai come eventi irrisolti, emozioni rimosse e condizionamenti interiorizzati, anche di un lontano passato, continuino a influenzare in te scelte, relazioni, reazioni emotive e risultati, generando spesso schemi ripetitivi o blocchi che ostacolano la tua realizzazione. Arriverai a comprendere che, nella maggior parte dei casi, le scelte compiute nella tua vita non sono state realmente libere e che il libero arbitrio, così come lo hai sempre inteso, è tale solo se viene effettivamente svincolato dai legami col passato. Il lavoro svolto in aula, ti permetterà di sciogliere nodi emotivi profondi, alleggerire i "cassetti" emotivi delle tue memorie e risvegliare risorse sopite. Potrai, così, tornare a vivere il presente in modo più libero, funzionale, autentico, armonioso e a progettare il tuo futuro con una nuova visione, più centrata, stabile e consapevole.

Nel corso esplorerai anche concetti avanzati come gli *agganci psicoenergetici* e i *campi elettromagnetici*, per aprirti alla comprensione più ampia che tutto è interconnesso e per riconoscere le influenze reciproche che agiscono nei rapporti umani.

L'obiettivo di questo corso non è solo quello di elaborare il passato, ma di trasformarlo in risorsa per favorire una vera e propria rinascita personale.

CORSO DI 5° LIVELLO

IL RISVEGLIO DELLA COSCIENZA

Dalla consapevolezza alla realizzazione del Sé

https://www.ieps.it/corso/5-livello/

Il corso di quinto livello del percorso formativo IEPS è un'esperienza profonda e appassionante concepita per accompagnarti in un cammino di risveglio e di riconquista della tua integrità interiore. Dopo aver attraversato i livelli precedenti, il viaggio si fa ancora più intenso e ti guida in un percorso di trasformazione profonda in cui la conoscenza non resta astratta, ma diventa esperienza vissuta. Si parte dal riconoscimento consapevole del tuo cammino, fatto di prove, scelte, libero arbitrio ed eventi predeterminati, per approdare a un livello in cui puoi percepire e vivere il contatto diretto con la tua parte più spirituale, l'Anima.

Con un approccio integrato tra teoria ed esperienze pratiche, sarai guidato a esplorare il significato profondo di *integrità* e a sperimentare un nuovo stato di coerenza interiore in cui pensieri, emozioni e azioni si allineano in te in modo naturale e armonioso. Coltivando questa coerenza, potrai sviluppare una bussola interiore, un punto di riferimento stabile e affidabile che orienta le tue scelte, mantiene stabile la tua rotta, anche nei momenti di difficoltà, e ti consente di procedere con chiarezza, determinazione e lucidità verso la realizzazione del tuo progetto di vita.

Durante il corso approfondirai la connessione dinamica tra Corpo, Psiche e Anima, comprendendo come l'interconnessione e l'equilibrio di queste tre dimensioni siano fondamentali per vivere con pienezza, centratura e direzione.

Scoprirai il valore e il senso delle grandi tradizioni meditative, sia orientali che occidentali, e imparerai a utilizzare la meditazione non solo come tecnica, ma come strumento per entrare in contatto con la tua *Anima*. Sperimenterai, quindi, la *meditazione evolutiva* come mezzo per guardare in profondità la tua esistenza, coglierne il senso e portare una nuova luce nella tua quotidianità. Perché la vera realizzazione del Sé comincia nel momento in cui smetti di cercare fuori e inizi a rispondere alla tua voce interiore.

CORSO DI 6° LIVELLO
IL DONO DEL CAMBIAMENTO CONSAPEVOLE
In cammino verso la verità, l'amore e l'azione
https://www.ieps.it/corso/6-livello/

Il corso di sesto livello conclude il percorso formativo di IEPS e rappresenta il compimento di un viaggio profondo dentro sé stessi, in cui la trasformazione interiore diventa vita vissuta, concreta e incarnata. Non è un punto di arrivo, ma piuttosto l'inizio di un nuovo modo di essere nel mondo: più consapevole, più autentico, più radicato nella tua verità interiore.

In questo corso, farai chiarezza sul momento presente, sul punto in cui ti trovi del tuo cammino evolutivo, per comprendere se la direzione che stai seguendo riflette davvero il progetto di vita che vuoi realizzare per te.

Approfondirai la dinamica tra *stasi* e *movimento*, due forze interiori opposte che influenzano profondamente il modo d'interpretare e vivere il mondo.

Attraverso un approccio integrato teorico-esperienziale, potrai riscoprire qualità, capacità e talenti che, pur essendo già presenti in te, erano sopiti, dimenticati, o ignorati. Imparerai, quindi, a riconoscerli come risorse preziose e a metterli consapevolmente al servizio della tua realizzazione personale e spirituale.

Comprenderai l'importanza della *coerenza interiore* come forza propulsiva capace di allineare pensieri, emozioni e azioni, orientandoli in una direzione chiara e univoca. Imparerai a riconoscere i segnali del tuo cammino, a distinguere con discernimento ciò che ti nutre e ti sostiene da ciò che ti ostacola e ti frena, trasformando ogni esperienza vissuta in opportunità preziosa e concreta di evoluzione.

Al termine del corso, percepirai con chiarezza di essere guidato dalla tua verità interiore, dall'equilibrio e da un amore più ampio e maturo. Il cambiamento diventerà, quindi, un dono da accogliere con gratitudine, come naturale conseguenza di un processo di evoluzione che hai scelto di vivere.

Allinearti al tuo progetto di vita significherà riconoscere che ogni passo, ogni decisione, ogni azione non è più dettata dal caso o dal bisogno, ma diventa parte di un disegno più grande, coerente con ciò che sei.

Il dono più prezioso che io possa offrirti è accompagnarti nel tuo ritorno a casa, in quel luogo interiore dove puoi, finalmente, riconoscerti e sentirti davvero vivo.

Se invece mi vuoi seguire, di seguito trovi tutti i contatti:

ieps.it

Istituto Europeo di Psicologia Subliminale

ieps.it

@ieps.official

sammarco.raffaele

sammarcoraffaele

Raffaele Sammarco

BIBLIOGRAFIA

Abraham, N., & Torok, M. (1994). *The shell and the kernel: Renewals of psychoanalysis* (N. Rand, Trans.). Chicago, IL: University of Chicago Press. (Original work published 1978).

Ali, S. S. (2025). The Universal Language of Newborns: A Holistic Perspective on Infant Communication and the Global Call of. *Available at SSRN 5285349.*

Argyle, M. (1978). *Il corpo ed il suo linguaggio. Studi sulla comunicazione non verbale* (Trad. it.). Zanichelli.

Bender, E. N., Savundranayagam, M. Y., Murray, L., & Orange, J. B. (2022). Supportive strategies for nonverbal communication with persons living with dementia: A scoping review. *International Journal of Nursing Studies, 136*, 104365.

Benemeglio, S., & Benemeglio, A. (2007). *Il potere del segno. La comunicazione simbolica asta, cerchio, triangolo*. CISU.

Bowlby, J. (1969). *Attachment and loss: Vol. 1. Attachment*. New York: Basic Books.

Boszormenyi-Nagy, I., & Spark, G. M. (1988). *Lealtà invisibili. La reciprocità nella terapia familiare intergenerazionale*. Roma: Astrolabio Ubaldini.

Campbell, J. (2003). *The hero's journey: Joseph Campbell on his life and work* (Vol. 7). New World Library.

Convertino, A. D., Morland, L. A., & Blashill, A. J. (2022). Trauma exposure and eating disorders: results from a United States nationally representative sample. *International journal of eating disorders, 55*(8), 1079-1089.

Domingue, B.W. Duncan, L., Harrati, A. & Belsky, D.W. (2021). Le conseguenze a breve termine del lutto sulla salute mentale predicono il declino a lungo termine della salute fisica negli anziani: analisi dello studio statunitense sulla salute e la pensione. *Journal of Gerontology: Series B, Psychological Sciences and Social Sciences, 76*(6), 1231–1240. doi: 10.1093/geronb/gbaa044

Ekman, P., & Keltner, D. (1970). Universal facial expressions of emotion. *California mental health research digest, 8*(4), 151-158.

Ekman, P., & Friesen, W. V. (1971). Constants across cultures in the face and emotion. *Journal of personality and social psychology, 17*(2), 124.

Ennis, J., & Majid, U. (2021). "Death from a broken heart": A systematic review of the relationship between spousal bereavement and physical and physiological health outcomes. *Death Studies, 45*(7), 538-551.

Febriantini, W. A., Fitriati, R., & Oktaviani, L. (2021). An analysis of verbal and non-verbal communication in autistic children. *J. Res. Lang. Educ, 2*(1), 53-56.

Freud, S. (1970). Una relazione tra un simbolo e un sintomo. In *Opere 1915–1917* (Vol. 8). Torino: Bollati Boringhieri. (Opera originale pubblicata nel 1916).

Gennaro, A. (2004). *Introduzione alla psicologia della personalità*. Bologna: Il Mulino.

Grillo, H. M., & Enesi, M. (2022). The impact, importance, types, and use of non-verbal communication in social relations. *Linguistics and Culture Review*, 291-307.

Hillman, J. (1997). *The myth of analysis: Three essays in archetypal psychology.* Northwestern University Press.

Jung, C. G. (1980). *Energetica psichica* (Opera originale pubblicata nel 1928). Torino: Bollati Boringhieri.

Jung, C. G. (2014). *Four archetypes*. Routledge.

Jung, C. G. (1978). *L'uomo e i suoi simboli*. Milano: Mondadori.

Jung, C. G. (1968). *The archetypes and the collective unconscious* (R. F. C. Hull, Trans.), Princeton, NJ: Princeton University Press. (Original work published 1959).

Klein, M. (1932). *The psycho-analysis of children*. London: Hogarth Press and the Institute of Psycho-Analysis.

Kilner, J. M., & Lemon, R. N. (2013). What we know currently about mirror neurons. *Current biology*, *23*(23), R1057-R1062.

Lecanuet, J. P., Granier-Deferre, C., & Busnel, M. C. (1995). Fetal auditory perception. In B. de Boysson-Bardies, S. de Schonen, P. Jusczyk, P. MacNeilage, & J. Morton (Eds.), *Developmental neurocognition: Speech and face processing in the first year of life* (pp. 3–18). Dordrecht, Netherlands: Springer.

Levine, P. A., & Frederick, A. (1997). *Waking the tiger: Healing trauma*. North Atlantic Books.

Magai, C., Cohen, C. I., & Gomberg, D. (2002). Impact of training dementia caregivers in sensitivity to nonverbal emotion signals. *International Psychogeriatrics*, 14(1), 25–38. https://doi.org/10.1017/S1041610202008256

Maman, F. (2001). *Quando la musica guarisce*. Torino: Edizioni Amrita.

Mehrabian, A., & Ferris, S.R. (1967). Inference of attitudes from nonverbal communication in two channels. *Journal of Consulting Psychology*, 31(3), 248–252.

Mehrabian, A., & Ksionzky, S. (1972). Categories of social behavior. *Comparative Group Studies*, *3*(4), 425-436.

Mehrabian, A., & Wiener, M. (1967). Decoding of inconsistent communications. *Journal of Personality and Social Psychology*, 6(1), 109–114.

Mennella, J. A., Jagnow, C. P., & Beauchamp, G. K. (2001). Prenatal and postnatal flavor learning by human infants. *Pediatrics*, 107(6), e88. https://doi.org/10.1542/peds.107.6.e88

Moretti, M., Rigolon, T. C. C., Pavan, C., dos Santos, D. B., & de Andrade, V. M. (2016). Oxidative stress: A potential link between emotional wellbeing and immune response. *Current Pharmaceutical Design*, 22(36), 5667–5673.
https://doi.org/10.2174/1381612822666160607070145

Neumann, E. (1981). *La Grande Madre: Fenomenologia delle configurazioni femminili dell'inconscio*. Roma: Astrolabio.

Rizzolatti, G., & Craighero, L. (2004). The mirror-neuron system. *Annual Review of Neuroscience, 27*(1), 169-192.
https://doi.org/10.1146/annurev.neuro.27.070203.144230

Rober, P. (2005). Lealtà familiare e generazioni. *Rivista di Psicologia Clinica, 12*(3), 215–230.

Sammarco, R. (2006). *La Psicologia Subliminale. Conoscere l'emotività evitando la sofferenza.* Castel Madama: E-Print.

Sammarco, R. (2007). *Il Linguaggio dell'Inconscio. Manuale illustrato secondo il metodo della Psicologia Subliminale*, Castel Madama: E-Print.

Sammarco, R. (2010). *La Psicologia Subliminale. Il Linguaggio dell'Inconscio. Il Metodo Raffaele Sammarco Vol. 1*, Crocetta del Montello: Stampa Grafiche Antiga.

Sammarco, R. (2010). *La Psicologia Subliminale. L'Inconscio incontra l'Anima. Il Metodo Raffaele Sammarco Vol. 2*, Crocetta del Montello: Stampa Grafiche Antiga.

Sammarco, R., Ramunni, F. & Verteramo, M. (2016). *La Psicologia Subliminale. Modello teorico e tecniche d'intervento*, Crocetta del Montello: Stampa Grafiche Antiga.

Schore, A. N. (2019). *The development of the unconscious mind*. W. W. Norton & Company.

Silberer, H. (1914). *Problemi della mistica e del suo significato simbolico.* Vivarium.

Streri, A., & de Hevia, M. D. (2023). How do human newborns come to understand the multimodal environment? *Psychonomic Bulletin & Review*, 30(4), 1171–1186. https://doi.org/10.3758/s13423-023-02272-w

Thapar, A., Eyre, O., Patel, V., & Brent, D. (2022). Depression in young people. *The Lancet*, 400(10352), 617-631.

Von Franz, M. L. (1999). *Archetypal dimensions of the psyche.* Shambhala Publications.

Weinstein, A. M. (2023). Reward, motivation and brain imaging in human healthy participants–A narrative review. *Frontiers in behavioral neuroscience*, 17, 1123733.

Winnicott, D. W. (1965). *The maturational processes and the facilitating environment: Studies in the theory of emotional development.* London: Hogarth Press and the Institute of Psycho-Analysis.

Yurtsever, M. M. E., & Eken, S. (2022). BabyPose: Real-time decoding of baby's non-verbal communication using 2D video-based pose estimation. *IEEE Sensors Journal, 22*(14), 13776–13784. https://doi.org/10.1109/JSEN.2022.3181417

Zhang, J., Li, X., Tang, Z., Xiang, S., Tang, Y., Hu, W., Tan, C., & Wang, X. (2024). Effects of stress on sleep quality: multiple mediating effects of rumination and social anxiety. *Psicologia: Reflexão e Crítica, 37*(10). https://doi.org/10.1186/s41155-024-00294-2

www.ingramcontent.com/pod-product-compliance
Lightning Source LLC
LaVergne TN
LVHW090355210926
848480LV00002B/346
* 9 7 9 1 2 8 2 3 5 6 0 4 6 *